FERRANTE,
FRISCH &
FENCHELKRAUT

FERRANTE, FRISCH & FENCHELKRAUT

Ich koche mich
durch die Weltliteratur

NICOLE
GIGER

Rezepte
und Geschichten

at VERLAG

INHALT

VORWORT

Lesen und Essen – zwei wunderbare Dinge, die viel mehr gemein haben, als sich auf den ersten Blick vermuten ließe. Essen ist Nahrung für den Körper, Lesen für den Geist, der Seele tut beides gut. Gegessen habe ich schon immer gern. Seit ich denken kann, sind »Hörnli und Gehacktes« in der Lage, mich glücklich zu machen. Und dass ein großes Stück selbstgemachter Rüeblikuchen so gut ist wie Knutschen, wusste ich schon lange vor meinem ersten Kuss. Das Lesen entdeckte ich nicht viel später und mit ähnlicher Leidenschaft. Begonnen hat es mit »Pippi Langstrumpf«, und dass die Göre mit den schönen Zöpfen auch gleich noch einen solch gesunden Appetit hatte, konnte kein Zufall sein. Meine Faszination für die Literatur weckte schließlich Max Frisch. Als ich mit fünfzehn Jahren »Andorra« lesen musste, war es zwar nicht gleich um mich geschehen. Ich hatte dazu einen Erklärungsband als Verständnishilfe, eine Mutter, die mich zu begeistern versuchte, und einen mich antreibenden Lehrer. Es war die Mühe wert, irgendwann sprang der Funke, und was Frisch zu sagen hatte, beeindruckte und bewegte mich nachhaltig. Vorurteile, Loyalität, Bildnisse, Schuld – so viele große Themen in einem so dünnen Reclam-Bändchen. Gerade die engagierte Literatur hat mich dann regelrecht in ihren Bann gezogen: Brecht, Böll, Jelinek. Nach dem Gymnasium entschied ich mich für ein Studium der Germanistik und habe mich, angeregt, neugierig und hungrig, durch meine Zwanziger gelesen und gegessen.

Heute bin ich Journalistin, und meine Leidenschaft fürs Essen und fürs Reisen könnte größer nicht sein. Was mich am Essen am meisten reizt, sind die Geschichten, die jedes Gericht zu erzählen hat, die Geschichten hinter den Rezepten. Mich interessieren Ursprung und Herkunft der Speisen, Traditionen, die hiesigen wie die fremden. Ganz besonders faszinieren mich ferne Länderküchen, sind sie es doch, die uns oft so viel mehr über ein Land und seine Menschen verraten, als es alle Reiseliteratur vermag. Essen ist der Türöffner und Eisbrecher schlechthin. Auch wenn die Verständigung schwierig ist, Worte werden überflüssig, sobald man gemeinsam am Tisch sitzt und Selbstgemachtes teilen kann. Weder Michelin-Sterne noch Gault-Millau-Punkte begeistern mich. Es ist die authentische Küche mit einfachen und guten Zutaten, die mich berührt. Und es sind die Menschen, die diese prägen, kochen und essen, die mich interessieren.

So ist auch dieses Buch kein simples Kochbuch, sondern vielmehr eine Sammlung von Ideen und Geschichten, von Anekdoten und Erinnerungen, von Anregungen zum Kochen, Reisen und Lesen. Meine Rezepte sind nicht kompliziert, die Gerichte lassen sich auch ohne große Kochkenntnisse und ohne stundenlange Vorbereitung machen. Einzig Offenheit für die Küchen dieser Welt braucht es. Ebenfalls ans Herz legen möchte ich Ihnen, ab und an in einem asiatischen, türkischen oder indischen Supermarkt einzukaufen. Das ist Horizonterweiterung, Inspiration und Kurzurlaub in einem. Beim Türken finde ich die geschmackvollsten Datteln und wunderbares Fladenbrot. Beim Inder gibt es Mangos, süßer als Konfitüre, Reis und Linsen in schier endlosen Variationen und Gemüse, das mich erst rätseln, dann fragen lässt. Chutneys und Gewürze, Ginger Beer und Chai in einer Auswahl, die mich immer wieder zum Staunen bringt. Wer Nudelsuppen liebt, kennt deren stattliche Auswahl in den Asia-Shops, beeindruckender sind höchstens noch die üppigen Sträuße frischer Minze oder die grasgrünen Süßigkeiten an der Kasse. Egal ob Dashi, Mirin oder Misopaste, ohne Einkauf im Asia-Shop geht's bei mir nicht. Mein Gemüse kaufe ich auf dem Wochenmarkt. Nicht nur weil ich von der Qualität und der Auswahl angetan bin, sondern auch weil ich das persönliche Gespräch nicht missen möchte. Jammert der Bauer über den Hagel, höre ich teilnahmsvoll zu, schwärmt die Marktfrau von den Feigen, schwelge ich mit. Beim Italiener verraten sie mir jedes Mal neue Verwendungszwecke, sei es für ihre Pistazien von Bronte oder die eingelegten Sardellen – Insiderwissen vom Feinsten.

Meine Rezepte lassen sich meist bestens den persönlichen Wünschen anpassen. Wer anstatt Blumenkohl lieber Brokkoli nimmt, nur zu. Wer keinen Zimt mag, lässt ihn weg, wer ihn liebt, verdoppelt die Menge. Wer gerne salzig isst oder scharf, würzt entsprechend. Diesen Freiraum sollten Sie sich immer nehmen.

Im März 2014 habe ich, angetrieben durch meine Leidenschaft fürs Essen, Kochen, Schreiben und Lesen, einen Blog gestartet. Ich wollte das Lesen mit dem Kochen verbinden und Rezepte kreieren, die ihre Inspiration aus der Literatur ziehen. So entstand quasi über Nacht mein Blog »Mags Frisch«. Dass sein Namensgeber Max Frisch ebenfalls aus Zürich stammt, sein Herz für linke Anliegen schlug und er mit »Andorra« etwas ins Rollen gebracht hatte, ist wiederum kein Zufall. Und ja, ich mag es tatsächlich auch frisch.

Der Blog gibt mir heute die Möglichkeit, meinen Appetit und meine Faszination fürs Essen auch schreibend auszuleben. Beim Schreiben ist es mir möglich, meine Gedanken und Eindrücke zu teilen, mein Wissen weiterzugeben. Ich mag die Sprache, das geschriebene Wort, das Jonglieren mit Begriffen genauso wie das Hantieren in der Küche. Aphorismen, Alliterationen und Allegorien lassen mein Herz ebenso höher schlagen wie Auberginen, Amaretto sour und Apfelstrudel.

Essen ist viel mehr als bloße Nahrungsaufnahme – es ist zugleich Kultur, Soziologie, Geschichte –, auch darum birgt es für mich eine unendliche Faszination.

SÄMTLICHE REZEPTE SIND, SOFERN NICHT ANDERS VERMERKT, FÜR 4 PERSONEN BERECHNET.

HERRN HESSES HEIMWEHLAND

Beim vorsichtigen Öffnen der Gewürzdose strömt mir unverzüglich eine Duftmischung aus Senfkörnern, Koriandersamen und Kreuzkümmel entgegen und katapultiert mich in Gedanken in die hektischen, bunten und lärmigen Straßen Varanasis. Ich denke gerne an Indien zurück. Indien ist laut, farbig und zauberhaft. Zugleich anstrengend, manchmal nervenaufreibend, immer intensiv. Indien liebt oder hasst man, heißt es.

Ich hab es erst mal gehasst. Dafür gibt es genügend Gründe. Hitze und Feuchtigkeit, Lärm und Menschenmassen. Käfer, so groß wie Feuerzeuge, und ein beißender Uringeruch in dem kleinen Zimmer ohne Fenster. Die Straße vor dem Hostel gleicht einem Sumpf, und während die Mofas zu Hunderten vorbeirattern, warten wir gefühlte zehn Minuten eine kleine Lücke ab, um die Straße innerhalb weniger Sekunden hastig überqueren zu können. Will heißen, unser Start war nicht wie in einem Bollywood-Film – aber ich bin ja auch nicht Priyanka Chopra.

Doch es wurde immer besser. Der Chai-Wallah in unserer Straße kocht von früh bis spät würzig süßen Chai, der so süffig ist, dass sich die achtundvierzig Grad im Schatten schon wieder wohlig anfühlen. Die Kinder, die uns neugierig beobachten, die Frauen in ihren farbenprächtigen Saris und die Kühe, die im Schlamm liegend der Hektik erfolgreich trotzen, erfreuen mich jeden Tag von Neuem. Dahl Makhani, Tandoori Chicken, mit Paneer gefülltes Paratha oder knusprige Samosas – Indien hört plötzlich gar nicht mehr auf, mich zu betören. Die rasanten Fahrten mit der Rikscha, die lebhaften Verhandlungen mit stolzen Ladenbesitzern, die üppigen Gewürzberge, der Geruch nach Koriander und Frittieröl. Was so zögerlich begonnen hat, endet in einer einzigen großen Liebe.

Indien liebt oder hasst man. Doch weil kaum je etwas nur schwarz oder weiß ist, hinkt auch diese Feststellung. Indien kann man durchaus lieben lernen.

Ich denke gern an Indien zurück, es kommt dabei sogar etwas Sehnsucht auf. So ähnlich dürfte es auch Hermann Hesse ergangen sein, der sein Herz an Indien verloren hat.

> »Wer einmal nicht nur mit den Augen, etwa als Luxusreisender auf einem Touristendampfer, sondern mit der Seele in Indien gewesen ist, dem bleibt es ein Heimwehland, an welches jedes leiseste Zeichen ihn mahnend erinnert.«
>
> – **HERMANN HESSE,** SEHNSUCHT NACH INDIEN

Das »leiseste Zeichen« wäre in meinem Fall der Duft von Kreuzkümmel und Koriander – und ganz bestimmt frisch gebrauter Chai. Herr Hesse hätte es verstanden, und dieser Gedanke gefällt mir.

VARANASI, INDIEN

MASALA CHICKEN, SÜSSKARTOFFELN UND KORIANDERPESTO

FÜR DAS MASALA-HÄHNCHEN

180 g Naturjoghurt
3 EL Tomatenmark
grobkörniges Meersalz, Pfeffer aus der Mühle
1 EL Garam Masala
½ TL Kreuzkümmel
½ TL gemahlener Koriander
¼ TL gemahlener Zimt
4 Stück Hähnchenfilets

FÜR DIE GEMÜSEFÜLLUNG

2 kleine bis mittlere oder 1 sehr große Süßkartoffel
1 Glas oder 1 Dose Kichererbsen (Abtropfgewicht 220 g)
2 EL Sesamöl
1 EL Zitronensaft, frisch gepresst
grobkörnige Meersalz, Pfeffer aus der Mühle
1–2 TL flüssiger Honig
1 EL Currypulver

FÜR DAS KORIANDERPESTO

100 g frischer Koriander
40 g Cashewkerne
80–100 ml Sesamöl
grobkörniges Meersalz, Pfeffer aus der Mühle
1 EL Zitronensaft, frisch gepresst

ZUM FERTIGSTELLEN UND SERVIEREN

Roti oder Fladenbrote (aus dem Tiefkühlregal oder ungekühlt, vakuumverpackt)
Joghurt zum Servieren
Zwiebel-Pickles (Basics), nach Wunsch
Randen-Pickles (Basics), nach Wunsch
1 Handvoll frischer Koriander und Sesam, nach Wunsch

1 Für das Hähnchen Joghurt, Tomatenmark, Salz, Pfeffer und alle Gewürze gut vermischen. Die Hähnchenfilets in mundgerechte Stücke schneiden und in der Marinade im Kühlschrank einige Stunden oder am besten über Nacht marinieren.

2 Die Hähnchenfilets mitsamt der Joghurtmarinade in eine Auflaufform geben und im Ofen bei 170 Grad 30 bis 40 Minuten garen (je nach Größe der Hähnchenteile eventuell auch weniger lang oder länger). Das Fleisch muss vollständig durchgegart sein, soll aber nicht länger als nötig im Ofen bleiben, da es sonst an Saftigkeit verliert.

3 Die Süßkartoffeln schälen und in kleine Würfelchen schneiden. Die Kichererbsen gut abspülen und – bei genügend Zeit und Muße – die Häutchen entfernen. Dazu die Kichererbsen zwischen den Fingern verreiben; so lösen sich die Häutchen fast von selbst. Kichererbsen und Süßkartoffelwürfel mit Sesamöl, Zitronensaft, Salz, Pfeffer, Honig und Currypulver vermischen und in eine zweite Auflaufform geben. Zu den Hähnchenfilets in den Ofen stellen und 25 bis 35 Minuten garen.

4 Für das Pesto den Koriander waschen und trocken tupfen. Die Cashewkerne in einer Pfanne ohne Fett rösten, bis sie zu duften beginnen, dann in der Küchenmaschine oder im Cutter fein hacken. Die abgezupften Korianderblättchen zugeben und ebenfalls mithacken. Das Sesamöl hinzugießen und alles mixen. Mit Salz, Pfeffer und Zitronensaft abschmecken.

5 Roti oder Fladenbrote mit Korianderpesto, Kichererbsen-Süßkartoffel-Gemüse und Hähnchenfilet füllen und mit Joghurt, Pickles und Sesam garnieren.

GO GO GOGOL

Es gebe eigentlich nur drei Küchen auf dieser Welt, hat Paul Bocuse, der König der Köche, einst gesagt. Die französische, die chinesische und die marokkanische. Dass er die italienische Küche nicht nannte, muss jeden, der schon mal bei einer Nonna am Küchentisch saß und in frischer Pasta mit handgemörsertem Pesto schwelgte, enttäuschen. Ich hatte keine Nonna, aber schon immer viel Liebe übrig für dieses sonnengetränkte Essen aus dem Süden. Und eine Mutter, die zwar aus Graubünden stammt, das mit den Penne aber so stur durchgezogen hat, wie es nur Steinböcke können.

Bocuse muss geirrt haben. Schließlich gibt es diese Geschichte zu Hauf. Ein Schriftsteller geht auf Reisen, Venedig, Rom, die Toskana, und wenn er wieder heimkehrt, hat er – wenn's gut geht – einige Ideen, sicher aber etliche Rezepte mit im Gepäck. Das war bei Goethe so, bei Nietzsche und ist auch bei Gogol nicht anders.

»Was für eine Luft! Wenn du einatmest, dann meinst du, dass dir mindestens siebenhundert Engel in die Nasenlöcher fliegen«, schreibt Gogol 1838 aus Rom. Nikolai Gogol, der große russische Schriftsteller, hat an Italien sein Herz verloren und sich regelrecht in die lokale Küche verguckt. Pasta, Brötchen, Fisch, und die Süßspeisen erst. »Ich glaube, nicht einmal der Papst hatte ein so üppiges und schmackhaftes Frühstück wie wir«, berichtet Michail Pogodin, ein Freund, aus der gemeinsamen Zeit in Rom.

Eine besondere Schwäche hegte Gogol für Makkaroni. Wer nicht, werden die Liebhaber der italienischen Küche jetzt sagen, doch seine Entzückung mündete fast schon in einer kultischen Verehrung. Keiner habe so viel Makkaroni aufs Mal verdrücken können wie er, sagt die Fürstin Warwara Repnina später. Zurück in Russland setzte er seinen Freunden und Bewunderern regelmäßig Makkaroni vor. Die Pasta, zu jener Zeit in Russland noch kaum bekannt, musste al dente sein, wusste der Heimkehrer. Gogol zeigte seinen Landsleuten nicht nur, wie diese gekocht, sondern auch wie sie gegessen werden sollte. Nämlich mit viel Butter, Parmesan und reichlich Pfeffer. Während die Russen skeptisch waren, muss ich ihm beipflichten. Zumindest in einer Hinsicht: Pasta ohne Parmesan ist wie Ariana Grande ohne Hundeblick.

Die russische Skepsis gründete jedoch nicht in den exzessiven Mengen Parmesan und Butter, sondern vielmehr in der Bissfestigkeit sowie dem verschwenderischen Umgang mit Pfeffer. Gogol jedoch ließ sich seinen Appetit nicht verderben.

Pfeffer und Parmesan harmonieren tatsächlich. Wenn sich dazu noch Mascarpone gesellt, ist die Pasta-Runde fast komplett. In einem winzigen, überdekorierten Lokal in Rom habe ich diese Kombination kennen und lieben gelernt. Der Besitzer des Ladens, ein älterer Herr, von dem ich nicht sagen kann, ob er mehr Sammler oder Nostalgiker war, machte genau diese Empfehlung. Dazu gab es gebratenen Blumenkohl und Rotwein, so viel, dass ich die Zierkissen, Kruzifixe und Haarkunst-Bücher nicht mal mehr als störend empfand. Vielleicht war es auch nicht der Wein, der mich milde stimmte, sondern die Tatsache, dass es ein exquisites Versöhnungsessen war. Versöhnung deswegen, weil ich meinem Freund auf der Zugfahrt von Florenz nach Rom derart unangenehm gewesen war, dass wir für einige Stunden die Gespräche auf Kirchengeflüster beschränkten. Ich hatte unbedacht und abgelenkt ob all der Vorfreude auf die bevorstehenden kulinarischen Genüsse meine Coca-Cola-Flasche so unvorsichtig geöffnet, dass sich ein Coca-Cola-Regen nicht nur über mich, sondern auch über die Dame neben mir ergoss, die über einem Papierstapel an seriöser Arbeit zu sein schien. Aufgebracht über dieses Missgeschick hat mein Freund, anstatt, mich unterstützend, die Sache herunterzuspielen (es war ja schließlich Cola Zero, ohne Zucker!), Partei für die Fremde ergriffen. Ich wiederum, tief gekränkt ob dieses Verrats, beschloss zu schweigen. Er tat es mir gleich. Ein Lokal haben wir auch ohne große Worte gefunden, und spätestens als wir uns bei der cremig-käsigen Pasta Biss für Biss dem Frieden näherten, schwelgten wir wieder im gleichen Teller.

Der große Bocuse in allen Ehren, eine solche Pasta muss ihm entgangen sein. Gogol dagegen hatte reichlich davon genossen. Dass der ausgewiesene Schlemmer und Makkaroni-Verehrer Gogol mit zweiundvierzig Jahren an den Folgen einer streng religiösen Fastenkur gestorben ist, ist keine zynische Pointe, sondern Ausdruck des Lebens in all seinen Extremen.

MAKKARONI MIT GERÖSTETEM BLUMENKOHL, PESTO UND MASCARPONE

FÜR DEN GERÖSTETEN BLUMENKOHL

1 großer Blumenkohl
2 rote Zwiebeln
4 EL Olivenöl
1 EL Apfelbalsamico
(oder ein anderer süßlicher Essig)
grobkörniges Meersalz, Pfeffer aus der Mühle
1 Bund Thymian, Blätter abgezupft
1 Schuss Noilly Prat (trockener Wermut)

FÜR DAS BASILIKUMPESTO

50 g Macadamianüsse
100 g Basilikum
1 Knoblauchzehe
50 g Parmesan, frisch gerieben
grobkörniges Meersalz, Pfeffer aus der Mühle
ca. 100 ml Olivenöl

FÜR DIE PASTA

400 – 500 g Makkaroni
(oder andere Pastasorte)
2 – 3 EL Kapern
pro Portion 1 EL Mascarpone
frisch geriebener Parmesan zum Servieren

1 Den Blumenkohl waschen, den Strunk entfernen und in kleine Röschen teilen. Die Zwiebeln in feine Ringe schneiden. Blumenkohl und Zwiebelringe in eine genügend große Auflaufform geben, sodass die Blumenkohlröschen sich nicht überlagern. Olivenöl, Balsamico, Salz, Pfeffer und Thymian hinzufügen und mischen. Einen Schuss Noilly Prat in die Form gießen. In der Mitte des auf 170 Grad vorgeheizten Ofens mit Umluft etwa 40 bis 45 Minuten garen. Der Blumenkohl sollte schön gebräunt und gar sein, darf aber noch Biss haben.

2 Für das Pesto die Macadamianüsse in einer Pfanne ohne Fett einige Minuten rösten, bis sie zu duften beginnen, etwas abkühlen lassen. Basilikum, Knoblauch, die gerösteten Nüsse und den Parmesan in der Küchenmaschine (Cutter) zu Pesto zerkleinern. Mit Salz und Pfeffer würzen und mit reichlich Olivenöl auffüllen. Das Pesto kann – mit einer Schicht Olivenöl bedeckt – einige Wochen im Kühlschrank aufbewahrt werden.

3 Die Pasta al dente kochen. Abgießen und mit reichlich Pesto mischen. Die Blumenkohlröschen und die Zwiebelringe zusammen mit den abgetropften Kapern unter die Pasta heben und jeweils mit einem Esslöffel Mascarpone und frisch geriebenem Parmesan toppen. Den Mascarpone rechtzeitig aus dem Kühlschrank nehmen und bei Bedarf vor dem Anrichten noch cremig rühren.

CHASE
10 Av

ME NO NEED SEX TOYS TO GET AN ORGASM

New York ist die Hauptstadt von Donuts und Pizza, von Black and White Cookies und Eggs Benedict. New York ist sowieso ein bisschen die Hauptstadt von allem. Wenn schon nicht die politische, dann wenigstens sonst von Bedeutung, hat es sich wohl gesagt. In New York gibt es das phänomenalste Pastrami-Sandwich, die besten Cream Cheese Bagels und den cremigsten Cheesecake, dessen letzter Bissen mir regelmäßig Tränen in die Augen treibt. Schon sind sie da, diese unsäglichen Superlative, die eigentlich so unsympathisch sind und uns vieles, was aus den USA kommt, verleiden lassen. Zum essbaren Teil des Big Apple passen sie jedoch tatsächlich oft. Das weltbeste (ärgerlicher Superlativ, ich weiß) Pastrami-Sandwich gibt es übrigens bei »Katz's Delicatessen«.

Das »Katz's« in New York ist eine Institution. Die Wände sind tapeziert mit der Katz'schen Kundschaft, die vom Baseballprofi über Hollywoodsternchen bis hin zu Politgrößen reicht. Das Lokal ist gut besucht, Touristen und Einheimische tummeln sich gleichermaßen in diesem Mekka von Pastrami und Matzo Ball Soup, stets von der leisen Hoffnung begleitet, dicht hinter einer New Yorker Prominenz sein Reuben-Sandwich zu ordern. Das »Katz's« ist auch jenes Lokal, das als Schauplatz für die unvergessene Orgasmusszene im Film »When Harry met Sally« diente, in der die bildschöne, weil noch unoperierte Meg Ryan ihrem Date lautstark einen Orgasmus vorspielt. Der Dame am Nebentisch bleibt nur noch der legendäre Satz:

»Waiter, I'll have what she's having.«

Der Filmklassiker »When Harry met Sally« beweist, dass Nora Ephron eine Instanz ist, wenn es um Liebeskomödien geht. Weitere Drehbücher aus ihrer Feder bestätigen dies: »Sleepless in Seattle«, »Julie & Julia« oder »You've got mail«. Ephron, die auch mal sagte, bloß keine Dame sein zu wollen, hat reichlich Erfahrung mit der Liebe und dem Liebesaus, ehelichte drei Männer und kann auch vom Betrogenwerden ein Lied singen oder eben eine Geschichte schreiben. Das tat sie auch in »Heartburn«, einem autobiografischen Roman, in dem sie ihre gescheiterte Beziehung zu Carl Bernstein verarbeitete. Der Journalist, der den Watergate-Skandal aufdeckte, war zu wenig gewieft, seine außereheliche Affäre geheim zu halten.

»Man kann niemals zu viel Butter nehmen, das glaube ich. Wenn ich eine Religion habe, dann das«, erklärte Ephron in einem Interview. Mehr auf Kohlenhydrate, weniger auf Fett setzt ihre betrogene Protagonistin, ihr Alter ego, Rachel im Roman »Heartburn«. Deren Kartoffelstrategie und die Hochachtung der Knolle weist durchaus auch religiöse Züge auf.

> »Ich habe Freunde, die beginnen mit Pasta, andere beginnen mit Reis, aber immer, wenn ich mich verliebe, beginne ich mit Kartoffeln. Manchmal Fleisch mit Kartoffeln, manchmal Fisch mit Kartoffeln, aber immer mit Kartoffeln. Ich habe beim Verlieben viele Fehler gemacht und die meisten bereut, aber nie die Kartoffeln, die dazugehörten.«
>
> – **NORA EPHRON,** HEARTBURN

Eine Kartoffelverehrerin, die all die gekochten Kartoffeln weniger bereut als ihre verflossenen Männer, ist nicht nur sehr sympathisch, sondern auch durchaus inspirierend. Kartoffeln zum ersten Date sind eine ausgezeichnete Wahl. Kartoffeln zeugen von Bodenständigkeit, sind wandelbar wie kaum ein anderes Gemüse und sättigen so ausreichend, dass man sich dabei fast guten Gewissens betrinken darf, ohne gleich betrunken zu sein. Zudem weiß frau, woran sie ist. Ist er genauso verrückt nach der Knolle, ist das in etwa so viel wert, wie wenn er dieselbe Partei wählt und den gleichen Wein mag. Eine gute Wahl also, die Kartoffel.

Dann gilt es nur noch zu entscheiden, mit welchem Kartoffelgericht die Romanze ihren Anfang nehmen soll. Gratin, Püree, gebacken oder frittiert? Anbieten würden sich auch Latkes. So heißen in der jüdischen Küche die knusprig ausgebackenen Kartoffelküchlein oder Kartoffelpuffer, die meist mit Apfelmus oder Sauerrahm serviert werden. Nora Ephron, die Autorin mit der großen Schwäche für Kartoffeln, stammt selbst aus einer jüdischen Familie und wird – so wage ich zu behaupten – wohl auch eine für Latkes haben. Sollte der Mann einem keine Schmetterlinge in den Bauch zaubern, dann sind wenigstens die Latkes durchaus in der Lage, für solche zu sorgen. So kross und knusprig, herzhaft und saftig zugleich.

Ich weiß nicht, wie viele erste Dates Abend für Abend im »Katz's« über die Bühne gehen, ich weiß aber, dass ich hier Latkes essen sollte. Auch wenn das Pastrami-Sandwich mindestens ebenso berühmt ist wie seine Kundschaft, bestelle ich Latkes mit Apfelmus und Sour cream. Ich bereue nichts, sie schmecken umwerfend. »Me no need sex toys to get an orgasm«, title ich liebestrunken in meiner Latkes-Story auf Instagram – ganz in Gedenken an Nora Ephron, die geniale Drehbuchautorin und Kartoffelköchin.

KARTOFFEL-ZUCCHINI-LATKES MIT LABNEH UND ZA'ATAR

FÜR DIE LATKES

650 g Kartoffeln
4 – 5 Zucchini (ca. 950 g)
1 Bund Dill, gehackt
1 Bund Petersilie, gehackt
1 Bund Schnittlauch, fein geschnitten
½ Zitrone, fein abgeriebene Schale
2 Eier
60 – 90 g Mehl
Salz, Pfeffer aus der Mühle
Rapsöl zum Ausbacken

FÜR DEN LABNEH

400 g Naturjoghurt
300 g Schafsjoghurt
grobkörniges Meersalz, Pfeffer aus der Mühle
1 – 2 EL Za'atar (siehe Basics)
etwas Olivenöl zum Beträufeln, nach Wunsch

1 Für das Labneh die beiden Joghurtsorten mischen, in ein mit Käsetuch ausgelegtes Sieb geben und über eine Schüssel hängen, sodass das Wasser einige Stunden abtropfen kann. Dann mit Salz und Pfeffer würzen.

2 Die Kartoffeln schälen und grob reiben. Die Zucchini waschen und ebenfalls raspeln. Kartoffeln und Zucchini in ein großes Sieb geben, mit 3 Teelöffel Kochsalz bestreuen und etwa 40 Minuten ziehen lassen, um ihnen möglichst viel Wasser zu entziehen. Dann in ein sauberes Geschirrtuch oder in ein Käsetuch geben und sehr gut ausdrücken.

3 Die Kartoffel-Zucchini-Mischung in eine Schüssel geben, alle Kräuter, Zitronenabrieb, Eier, Mehl und Pfeffer dazugeben und gut mischen. Aus der Masse von Hand kleine Patties formen.

4 Reichlich Öl in einer großen Bratpfanne erhitzen. Die Patties auf tiefer bis mittlerer Stufe auf jeder Seite 12 bis 15 Minuten ausbacken. Weil die Kartoffeln roh sind, braucht es eine Gesamtgarzeit von 25 bis 30 Minuten. Daher die Temperatur nicht zu hoch schalten, sonst werden die Patties zu dunkel. Sie sollten goldbraun und knusprig sein.

5 Das Labneh großzügig mit Za'atar bestreuen und mit den Latkes servieren. Wer mag, kann Latkes und Labneh noch mit etwas Olivenöl beträufeln. Die Latkes schmecken sowohl heiß als auch kalt ausgezeichnet.

WILLIAMSBURG BRIDGE UND SKYLINE VON MANHATTAN

LAUDATIO AUF DIE PELLKARTOFFEL

Es ist kein Geheimnis: Ich esse kein Gemüse so gern wie Brokkoli und bin sowieso hinter allem her, was kohlartige Wesenszüge hat. Ich kann es nicht leugnen – sieht meine Familie einen Brokkoli, ob welk oder sattgrün, denkt sie an mich. Ob es mir schmeichelt, mit einem Brokkoli assoziiert zu werden, habe ich mir, ehrlich gesagt, noch nie überlegt.

Bei Kartoffeln in der Schale wiederum muss ich an meinen Großvater denken. Er mochte »Gschwellti«, wie die Pellkartoffeln in der Schweiz heißen, so sehr, dass er sich ausschließlich davon hätte ernähren können – am liebsten mit Leinöl und Quark. Als Kind hat mich diese Vorliebe verwundert – war er doch in der Backstube daheim, tagtäglich umgeben von Kakao, Krokant und Marzipan. Heute weiß ich, dass Schokolade allein nicht glücklich, geschweige denn satt macht.

Von geschwellten Kartoffeln halte ich heute dafür umso mehr. Einzig am Namen könnte man noch etwas feilen. Bei »Gschwellti« muss ich unweigerlich an aufgedunsene Füße in zu kleinen Sandalen denken, Pellkartoffel tönt gar profan, und bei den »Quellmännern«, wie sie im Rheinland heißen, kommen mir meine emanzipatorischen Grundsätze in die Quere. Die Franzosen hingegen nennen sie liebevoll »pommes de terre en robe de chambre«, also Kartoffeln im Schlafrock, und in Italien gibt man sich nicht minder poetisch und genießt »patate in camicia«, Kartoffeln im Hemd.

Wie dem auch sei – meiner Liebe zu Pellkartoffeln tut dies keinen Abbruch, und sowieso hat der deutsche Schriftsteller Joachim

Ringelnatz mit seinem Gedicht »Abschiedsworte an Pellka« die wohl schönste Laudatio an die Pellkartoffel in Deutsch verfasst.

> Jetzt schlägt deine schlimmste Stunde,
> Du Ungleichrunde,
> Du Ausgekochte, Du Zeitgeschälte,
> Du Vielgequälte,
> Du Gipfel meines Entzückens.
> Jetzt kommt der Moment des Zerdrückens
> Mit der Gabel! Sei stark!
> Ich will auch Butter und Salz und Quark
> Oder Kümmel, auch Leberwurst in dich stampfen.
> Musst nicht so ängstlich dampfen.
> Ich möchte dich doch noch einmal erfreun.
> Soll ich auch Schnittlauch über dich streun?
> Oder ist dir nach Hering zumut?
> Du bist ein so rührend junges Blut.
> Deshalb schmeckst du besonders gut.
> Wenn das auch egoistisch klingt,
> So tröste dich damit, du wundervolle
> Pellka, dass du eine Edelknolle
> warst und dass ein Kenner dich verschlingt.
>
> – **JOACHIM RINGELNATZ,** ABSCHIEDSWORTE AN PELLKA

SMASHED POTATOES MIT ZWEIERLEI TOPPINGS

FÜR DAS KARTOFFEL-BLECH
800 g Kartoffeln, in der Schale gekocht (Gschwellti)
5–7 EL Olivenöl
grobkörniges Meersalz, Pfeffer aus der Mühle

BROKKOLI-AVOCADO-PESTO MIT RICOTTA
200 g Brokkoli
1 Avocado
3 EL Olivenöl
2 EL Zitronensaft, frisch gepresst
grobkörniges Meersalz, Pfeffer aus der Mühle
180 g Ricotta

RANDENPESTO MIT SAUERRAHM
1 kleine rohe Rande (Rote Bete), geschält
50 g Parmesan
40 g Walnüsse
1 Knoblauchzehe, nach Wunsch
80–100 ml Olivenöl
180 g Sauerrahm

Brunnenkresse oder Kresse sowie nach Wunsch Kerne (z. B. Sonnenblumen- und/oder Rapskerne) zum Garnieren

1 Die ungeschälten, gekochten Kartoffeln auf ein mit Backpapier belegtes Blech geben und mit einem Gabelrücken andrücken, sodass sie aufplatzen. Mit Öl beträufeln und mit Salz und Pfeffer würzen. In der oberen Hälfte des auf 200 Grad vorgeheizten Ofens mit Umluft oder, falls vorhanden, mit zusätzlicher Grillfunktion etwa 20 bis 25 Minuten backen. Die Kartoffeln sollten kross werden.

2 Für das Brokkoli-Avocado-Pesto den Brokkoli in Salzwasser 5 Minuten blanchieren, abgießen und etwas auskühlen lassen. Zusammen mit dem ausgelösten Fruchtfleisch der Avocado, Olivenöl und Zitronensaft in der Küchenmaschine (Cutter) pürieren. Mit Salz und Pfeffer abschmecken.

3 Für das Randenpesto die Rande raspeln, den Parmesan reiben und die Walnüsse in einer Pfanne ohne Fett rösten, bis sie zu duften beginnen. Randen, Parmesan, Nüsse und Knoblauch in der Küchenmaschine (Cutter) pürieren. Mit Olivenöl vermengen und mit Salz und Pfeffer abschmecken.

4 Die Hälfte der Kartoffeln mit Ricotta und Avocado-Brokkoli-Pesto, die zweite Hälfte mit Sauerrahm und Randenpesto toppen, mit Brunnenkresse und Kernen garnieren.

TIPP Dazu passt ein bunter Salat oder ausgezeichnet auch Lachs, gebeizt, geräuchert oder vom Grill. Am nächsten Abend passen die beiden Pesto natürlich auch bestens zu Pasta. Mit etwas Kochwasser der Pasta vermengen und mit frischem Parmesan genießen.

MISO, MONOGAMIE UND MASSENHAFT AUBERGINEN

In meiner Straße gibt es einen irakischen Frisörsalon. Fünf junge Kurden aus dem Irak machen einem in schnellen fünfzehn Minuten die Haare schön. Sofern ein Herrenhaarschnitt gewünscht ist. Als Frau kann ich mir von ihnen die Augenbrauen in Form bringen lassen – mit der Fadenzupftechnik, wie sie überall im Nahen Osten praktiziert wird. Ihre Haarpracht tragen die Jungs alle gleich: seitlich kurz rasiert, oben voll drapiert. Über mangelndes Volumen können sich irakische Männer nicht beklagen, ihre Tolle thront stolz, glänzend und schwarz auf dem Haupt. Und erinnert mich an eine Aubergine, das irakischste aller Gemüse. Das kommt nicht von ungefähr, sondern von Abbas Khider. Der hat zwar keine Auberginen-Tolle, aber ebenfalls dichtes, schwarzes Haar, und er hat den Roman »Brief in die Auberginenrepublik« geschrieben. Während also der bärtige Beau im Dandy-Look mir mit zwei Fäden zwischen den Fingern die störenden Härchen raubt und seine Tolle im Neonlicht schimmert, denke ich an Khider und die Königin der Bratpfanne, wie er das dunkelviolette Gemüse nennt.

»Auberginenchips, Auberginen gekocht, gegrillt, Auberginensuppe; einige haben die Auberginen die ›Königin der Bratpfanne‹ oder die ›Herrin der Küche‹ genannt«, erzählt Khider, der irakisch-deutsche Schriftsteller, der in Bagdad geboren und aufgewachsen ist. Während des Handelsembargos von 1991 bis 2003 litt die irakische Bevölkerung unter großer Lebensmittelknappheit. Alles war rar, außer Auberginen. Sie beherrschten den Speiseplan. Khider erinnert sich:

»Viele junge Iraker fanden das sehr lustig; immer wenn die irakischen Politiker über den Irak geredet haben, haben sie gesagt: ›Wir sind die erste Kultur der Welt!‹, und die Jungs haben gelacht und das Land ›Auberginenrepublik‹ genannt.«

Ich glaube zu wissen, dass die Aubergine ihren Status als Herrin der Küche ziemlich erquickend fand. Ohne dem Gemüse zu nahe zu treten, aber Allüren hat sie! Tomaten sind so unkompliziert, dass sie sowohl roh als auch gekocht munden, und Brokkoli schmeckt sogar nur blanchiert in simplem Salzwasser bestens. Die Aubergine macht da nicht mit. Sie will Zuwendung, Hingabe, Kreativität und Öl. Zugutehalten muss man ihr, dass sie äußerst wandelbar ist; egal ob im indischen Curry oder als mediterranes Ratatouille – die Aubergine macht sich hervorragend. Parmiggiana alle melanzane oder Moussaka – sie passt zum Italiener ebenso gut wie zum Griechen. Sie geht wirklich mit allem und jedem, ein bisschen ein Flittchen halt. Auch mit dem Türken turtelt sie gern. Das großartige Auberginengericht aus der Türkei heißt İmam bayıldı, was so viel bedeutet wie: »Der Imam fiel in Ohmacht.« Bei dieser türkischen Leckerei werden die Auberginen mit Tomaten, Zwiebeln und Knoblauch gefüllt, kräftig gewürzt und in reichlich (und ich meine reichlich) Olivenöl geschmort. Der Legende nach soll der Imam, als er davon kostete, so entzückt gewesen sein, dass er vor lauter Begeisterung in Ohnmacht fiel. Böse Zungen behaupten zwar, dass er erst in Ohnmacht fiel, als er erfuhr, wie viel Olivenöl in den Topf gegossen wurde. Wie dem auch sei, der Versuch aus dem einstigen Flittchen Imam-gefällige Früchte zu zaubern, gelingt mit diesem Rezept ziemlich gut. Helfen tut – ich bin ehrlich – kein Gebet, sondern reichlich Olivenöl.

Als ich einen afghanischen Freund nach seinem liebsten Auberginengericht frage, muss er überlegen, nicht weil er nach einem suchen müsste, sondern weil ihm die Entscheidung sichtlich schwer fällt. Ein Auberginenkuchen, sagt er schließlich, mit Tomaten, Zucchini und Gewürzen. Und er fügt an: Ach ja und reichlich Öl natürlich. Das mit dem Öl hat sich also herumgesprochen, einzig hierzulande glaubt man noch immer, die Aubergine vom Grill als Diätkost verkaufen zu müssen – und so schmeckt sie dann.

Auch der Japaner weiß das Gemüse sinnlich zu verführen. Wenn die Aubergine auf Miso trifft, bin ich versucht, für einen Moment an Monogamie zu glauben. Die relativ geschmacksneutrale Frucht ist bereit, die ganz Herzhaftigkeit und Würze des Miso in sich aufzusaugen und diesem so zum perfekten Auftritt zu verhelfen. Miso ist eine Paste auf der Basis von Sojabohnen, hinzu kommen Reis, Gerste oder andere Getreidesorten und Salz. Die Mischung wird dann in Fässern vergoren; es findet also ein Fermentationsprozess statt. Miso wird in der japanischen Küche für allerhand verwendet, am populärsten ist wohl die Misosuppe, und sie gehört auch in jede anständige Ramen-Nudelsuppe. Als Marinade macht sich Miso ebenfalls hervorragend. Dazu noch etwas Öl (das sollte jetzt niemanden mehr verwundern), und gut ist. Marinierte Miso-Auberginen sind in Japan eine beliebte Vorspeise, und auch wenn die Japaner wohl kaum je Couscous dazu servieren würden, scheint der Hartweizen die ideale Besetzung für diese Dreiecksbeziehung zu sein.

MISO-AUBERGINEN
MIT KRÄUTER-COUSCOUS UND BOHNENMUS

FÜR DIE AUBERGINEN

4 Auberginen
4 EL Misopaste
4 EL Sesamöl
2 EL Sojasauce

FÜR DEN COUSCOUS

250 g Couscous
300 ml kräftige Gemüsebouillon (aus 1 Würfel)
4 EL Olivenöl
4 EL Zitronensaft, frisch gepresst
1 Bund Pfefferminze
1 Bund Petersilie
2 kleine rote Zwiebeln
1 Granatapfel

1 Für die Marinade Miso, Sojasauce und Sesamöl gut vermischen. Die Aubergine längs halbieren, mit Salz bestreuen und mit der Schnittfläche nach unten auf Haushaltspapier 15 Minuten ruhen lassen (das Salz entzieht der Aubergine Wasser und Bitterstoffe). Die Auberginen trocken tupfen und überschüssiges Salz entfernen. Die Schnittflächen rautenartig einritzen. Die Auberginen auf ein mit Backpapier belegtes Backblech geben und in der Mitte des auf 170 Grad vorgeheizten Ofens mit Umluft 20 Minuten backen.

2 Die Auberginen mit einem Backpinsel mit der Miso-Marinade großzügig bestreichen und weitere 25 bis 30 Minuten backen. Sie sollten weich und gut gebräunt, aber nicht verbrannt sein.

3 Den Couscous in eine Schüssel geben, mit der heißen Bouillon übergießen, umrühren und zugedeckt etwa 10 Minuten ziehen lassen. Dann Olivenöl und Zitronensaft dazugeben und den Couscous mit einer Gabel auflockern.

4 Einige Pfefferminz- und Petersilienblätter für die Garnitur beiseitelegen. Die restlichen Kräuter und die Zwiebeln fein hacken. Den Granatapfel halbieren und die Kerne herauslösen. Eine Handvoll Granatapfelkerne zum Garnieren auf die Seite legen. Kräuter, die restlichen Granatapfelkerne und Zwiebeln unter den Couscous mischen.

FÜR DAS BOHNENMUS

1 Dose weiße Bohnen (Abtropfgewicht 240 g), abgespült, abgetropft
3 EL Tahini
grobkörniges Meersalz, Pfeffer aus der Mühle
1 Knoblauchzehe
1 TL Honig oder Ahornsirup
1 EL Zitronensaft, frisch gepresst
Olivenöl
2 – 4 EL kaltes Wasser

1 Handvoll Mandelstifte, geröstet
1 Handvoll Sesam, geröstet, zum Garnieren

5 Für das Bohnenmus die Bohnen mit Tahini, Salz, Pfeffer, Knoblauch, Honig, Zitronensaft und Wasser im Mixer (Cutter) zu einem feinen, geschmeidigen Mus pürieren. Falls nötig, noch etwas Olivenöl oder wenig kaltes Wasser hinzufügen.

6 Den Couscous mit den Auberginenhälften auf einem Teller anrichten. Mit frischen Kräutern, Granatapfelkernen, gerösteten Mandelstiften und Sesam garnieren.

TIPP Es gibt zahlreiche Varianten, um die Granatapfelkerne herauszulösen. Sie können den Granatapfel halbieren, eine Schüssel mit Wasser füllen und die Kerne unter Wasser herausdrücken. Meine bevorzugte Methode geht wie folgt: Den Granatapfel halbieren und mit einem großen, stabilen Holzlöffel auf die Schale schlagen. Die Kerne fallen dann nach und nach heraus. Idealerweise stellen Sie eine Schüssel direkt in den Waschtrog, um Spritzer zu vermeiden und schlagen die Kerne direkt in die Schüssel.

GEBACKENE MISO-AUBERGINEN

ÄGÄISCHES MEER

DU TREULOSE TOMATE, ICH WILL MIT DIR MARTINI TRINKEN

»I like to have a Martini
two at the very most
after three I'm under the table
after four I'm under my host.«

Dieser Spruch stammt von Dorothy Parker, der vielleicht elegantesten und schlagfertigsten Lady des New York der »Roaring Twenties«. Die damals einzige Literaturkritikerin des Big Apple verfasste zahlreiche Gedichte sowie Kurzgeschichten und wusste mit ihrer spitzen Feder in den Zeitschriften »Vogue« und »Vanity Fair« zu provozieren. Ihr Sarkasmus schien sich mit dem schicken Zielpublikum Letzterer jedoch nicht sonderlich gut zu vertragen – das Blatt entschied nach kurzer Zeit, auf Parkers Dienste zu verzichten. Bremsen ließ sie sich dadurch nicht, sondern kritisierte, reflektierte und sinnierte auf anderen Kanälen ungezähmt und munter weiter. Später schrieb sie Drehbücher in Hollywood, engagierte sich als politische Korrespondentin im spanischen Bürgerkrieg und war Mitgründerin der Anti-Nazi-League in Hollywood.

Hätte ich ein Dinner mit einer Berühmtheit der Zeitgeschichte zugute – ich würde Dorothy Parker wählen. So viel Witz und Scharfsinn, und dann erst noch der gute Geschmack. Ihre Vorliebe für Martini wüsste ich auch zu teilen und notabene auch zu verkochen: Spaghetti al Martini – die funktionieren ähnlich wie die weitaus bekannteren Penne alla Vodka, stehen der großen Schwester aber in nichts nach. Die Sauce aus Gin, Vermouth, Tomaten und Käse ist schnell gemacht und duftet nach Sommer und Süden. Dazu gibt's Tomaten aus dem Ofen. Bei den Tomaten unbedingt die besten nehmen, die Sie bekommen können. Kaufen Sie auf dem Markt, entscheiden Sie sich für eine teurere, vielleicht biologische Sorte – Sie werden belohnt werden. Tomaten sind exzellent, wenn sie denn sonnengereift und saisonal sind.

Die besten Tomaten durfte ich auf dem Peleponnes genießen. Da haben wir einst beim Nachbarn des Onkels eines Freundes Ferien gemacht. Das mag nach jüdischer Großfamilie klingen, sind aber bloß griechische Verhältnisse. Panagiotis hieß der Gastgeber, und weil wir ein ganzes Grüppchen Freunde waren und beim Onkel keinen Platz gefunden hätten, hat uns besagter Panagiotis ein Schlafgemach angeboten. Das Beste an dieser Unterkunft war, dass Panagiotis Tomaten gezogen hat. Wahrhaftig ein Tomatenflüsterer war er. Einer, der es verstanden hat, aus dem Gemüse das zu machen, was die tiefrote Farbe verspricht. Wie Sirtaki tanzen zwischen zwei Adonis-Männern. Seine Tomaten waren dermaßen exquisit, dass der Liter Olivenöl, der zuweilen das Dressing abgab, zum nebensächlichen Statisten verkam. Und jeder weiß schließlich, was das bedeutet, wenn Olivenöl zum Statisten verkommt. Allein schon die bloße Kalorienzahl des Öls erinnert normalerweise verlässlich an seine Existenz. Nicht so bei diesen Tomaten.

Wir alle waren den Tomaten von »Papa Tomatis« – dieser Übername entstammte einer Retsina-gschwängerten Nacht – gänzlich verfallen. Die Tage begannen immer gleich: Für jeden gab es eine Schüssel, gefüllt mit Tomaten, dazu Ei, Feta und besagte Mengen Olivenöl. Das war weder Drama noch Tragödie, sondern mein griechisches Sommermärchen. Für Dorothy müssten mindestens solche Tomaten her.

PASTA AL MARTINI

FÜR DIE GERÖSTETEN TOMATEN

500 g frische Tomaten,
verschiedene Sorten gemischt
(z. B. Datterini, Ochsenherz, Küsnachter)
3 – 4 EL Olivenöl
1 Bund frischer Thymian, Blätter abgezupft
grobkörniges Meersalz, Pfeffer aus der Mühle

FÜR DIE PASTA

3 EL Olivenöl
1 Zwiebel, fein gehackt
100 ml Gin
100 ml trockener Vermouth (weißer Martini)
700 g passierte Tomaten
2 EL Tomatenmark
ca. 150 ml Wasser
2 TL Rohrzucker
grobkörniges Meersalz, Pfeffer aus der Mühle
½ TL Piment d'Espelette
(wer gerne scharf isst, auch mehr)
200 ml Vollrahm (Sahne)
80 g Ricotta
60 g Parmesan, frisch gerieben

400 – 500 g Pasta (z. B. Spaghetti)

1 Die Tomaten in Scheiben schneiden und in eine Gratinform geben. Mit Olivenöl beträufeln, mit Salz und Pfeffer würzen und mit den Thymianblättchen bestreuen. In der Mitte des auf 170 Grad vorgeheizten Ofens mit Umluft 35 bis 45 Minuten garen.

2 Inzwischen für die Pastasauce das Olivenöl in einem Topf erhitzen. Die Zwiebel darin glasig dünsten, mit Gin und Vermouth ablöschen. Passierte Tomaten, Tomatenmark und etwas Wasser hinzufügen, mit Zucker, Salz, Pfeffer und Piment d'Espelette würzen und 35 bis 45 Minuten köcheln lassen. Dann den Rahm beigeben und nochmals etwa 10 Minuten köcheln. Ricotta und Parmesan unterrühren und nochmals abschmecken. Zum Schluss nochmals einen guten Schuss Martini sowie Gin beigeben (falls Kinder mitessen, kann darauf auch verzichtet werden).

3 Die Pasta in reichlich Salzwasser al dente kochen. Abgießen, direkt in den Topf mit der Sauce geben und mischen. Die Pasta zusammen mit den gerösteten Tomaten servieren. Parmesan dazu reichen.

WIRZ BALD

Ich war so ein Kind, das am Morgen kurz nach dem Aufstehen zuverlässig fragt, was es zum Abendessen geben wird. Meist noch bevor ich mein Glas Nesquik schlürfte und mich meines wild bedruckten Pyjamas entledigte, gab es für mich diese eine drängende Frage. Das war keine Frage um der Frage willen, wie das Kinder ja auch tun. Die Antwort war für mich von größtem Interesse. Sie war in der Lage, mir einen Tag voller Vorfreude zu bescheren, wenn es etwa hieß, es gäbe Hörnli und Gehacktes oder Spaghetti Bolognese. Im Gegensatz dazu vermochte Fisch in allen Variationen mich regelrecht zu entmutigen. Und die vermeintlich kindgerechte Stäbchenform schreckte mich derart ab, dass ich bestimmt bei einer Freundin Platz an deren Familientisch finden würde. Ähnlich betrübt hat mich Kartoffelbrei – oder wie wir den Stampf aus Kartoffeln in der Schweiz gerne nennen: Kartoffelstock oder einfach Stocki. Dem Brei aus Kartoffeln konnte ich nichts abgewinnen, umso mehr feierte ihn dagegen mein kleiner Bruder. Ich hegte schon sehr früh den Verdacht, dass er, der auf Wanderungen in jedes Bachbett stieg, um mit Steinen und Steinchen Stauseen zu bauen, den Kartoffelstock genau darum so liebte: des Saucen-Sees wegen. Wenn sämige Bratensauce den Stocki-Damm flutet und ungehemmt in den Teller fließt, da wo die Karotten noch im Trockenen ruhen. Mein Bruder hatte sein Lieblingsessen gefunden.

Schöner als Gottfried Keller hat die Stocki-Seeli-Story wohl keiner zu Papier gebracht.

»Die einzige Entschädigung und Rache nahm sie sich durch eine allerdings arge Unzukömmlichkeit, welche sie sich beim Essen mit List oder Gewalt immer wieder erlaubte. Die Mutter kochte nämlich jeden Mittag einen dicken Kartoffelbrei, über welchen sie eine fette Milch oder eine Brühe von schöner brauner Butter goss. Diesen Kartoffelbrei aßen sie alle zusammen aus der Schüssel mit ihren Blechlöffeln, indem jeder vor sich eine Vertiefung in das feste Kartoffelgebirge hineingrub. Das Söhnlein, welches bei aller Seltsamkeit in Eßangelegenheiten einen strengen Sinn für militärische Regelmäßigkeit bekundete und streng darauf hielt, daß jeder nicht mehr noch weniger nahm, als was ihm zukomme, sah stets darauf, daß die Milch oder die gelbe Butter, welche am Rande der Schüssel umherfloß, gleichmäßig in die abgeteilten Gruben laufe; das Schwesterchen hingegen, welches viel harmloser war, suchte, sobald ihre Quellen versiegt waren, durch allerhand künstliche Stollen und Abzugsgräben die wohlschmeckenden Bächlein auf ihre Seite zu leiten, und wie sehr sich auch der Bruder dem widersetzte und ebenso künstliche Dämme aufbaute und überall verstopfte, wo sich ein verdächtiges Loch zeigen wollte, so wußte sie doch immer wieder eine geheime Ader des Breies zu eröffnen oder langte kurzweg in offenem Friedensbruch mit ihrem Löffel und mit lachenden Augen in des Bruders gefüllte Grube. Alsdann warf er den Löffel weg, lamentierte und schmollte, bis die gute Mutter die Schüssel zur Seite neigte und ihre eigene Brühe voll in das Labyrinth der Kanäle und Dämme ihrer Kinder strömen ließ.«

– **GOTTFRIED KELLER,** PANKRAZ DER SCHMOLLER

Meine Kartoffelbrei-Aversion hat sich ausgewachsen. Was ich früher verabscheute, verehre ich heute. Zugegeben, nicht unbedingt in der klassischen Variante. Kartoffelstock lässt sich aber auch bestens aus Großmutters Küche entführen. Besonders gut harmonieren Kartoffeln mit Ei und Kohl. Und wenn das Eigelb genügend flüssig ist, kommt auch da der bekannte Seeli-Effekt nicht zu kurz.

KARTOFFELSTOCK MIT WIRSING, FEDERKOHL UND EI

FÜR DEN SELLERIE-KARTOFFEL-STAMPF

800 g mehligkochende Kartoffeln
400 g Knollensellerie
200 ml Milch
50 g Butter
grobkörniges Meersalz, Pfeffer aus der Mühle

FÜR DAS FEDERKOHL-WIRSING-GEMÜSE

10 Stangen Federkohl (Grünkohl)
1 kleiner Wirsing
1 gelbe Zwiebel
2 EL Oliven- oder Rapsöl
ein guter Schuss Weißwein
150 ml starke Bouillon
250 ml Vollrahm (Sahne)
3 EL grobkörniger Senf
grobkörniges Meersalz, Pfeffer aus der Mühle

FÜR DIE POCHIERTEN EIER

1½ l Wasser
100 ml Essig
pro Person 1 Ei

1 Für den Kartoffelstampf die Kartoffeln und den Sellerie schälen, würfeln und in Salzwasser weich kochen. Das Wasser abgießen. Milch und Butter dazugeben und zu einem groben Mus zerstampfen, bei Bedarf noch würzen. Wer ein feines Püree bevorzugt, dreht die Kartoffel-Sellerie-Mischung durchs Passiergerät.

2 Von Federkohl und Wirsing die groben Blattrippen entfernen, die Blätter fein schneiden.
Die Zwiebel fein hacken. Öl in einem Topf erhitzen und die Zwiebel darin glasig dünsten. Den Wirz dazugeben und dämpfen. Mit Weißwein ablöschen und die Bouillon zugeben. Dann Federkohl, Rahm und Senf hinzufügen und weitere 5 Minuten köcheln lassen. Mit Salz und Pfeffer abschmecken.

3 Für die pochierten Eier das Wasser zusammen mit dem Essig aufkochen. Die Temperatur zurückschalten, sodass das Wasser knapp unter dem Siedepunkt ist. Jedes Ei einzeln in ein kleines Schüsselchen oder ein Glas aufschlagen und vorsichtig ins Essigwasser gleiten lassen. Das Ei etwa 4 Minuten pochieren, dann mit einer Schaumkelle vorsichtig herausheben und abtropfen lassen.

4 Den Kartoffelstampf mit dem Federkohl-Wirsing-Gemüse anrichten, Senfsauce darüberträufeln und mit einem pochierten Ei servieren.

WOHN- UND ARBEITSZIMMER DER DICHTER UND DENKER

Das »Hawelka« ist eigentlich ziemlich trendy mit seinen Thonet-Stühlen und den kleinen Marmortischchen. Es gibt Zeitungen und Kaffee in allen erdenklichen Variationen. Lediglich die braunen Wände und die dunkle Decke, vielleicht die freistehenden Garderobenständer und die an den Wänden hängenden Bilder deuten auf seine Geschichte hin. Leopold und Josefine Hawelka haben dieses Kaffeehaus in Wien 1939 eröffnet und mit ihm eine Institution und ein Zuhause für eine Vielzahl von Schriftstellern, Intellektuellen und Künstlern geschaffen.

Wir essen Buchteln, die hier selbst spät abends frisch aus dem Ofen kommen und noch warm serviert werden. Buchteln sind eine luftige Süßspeise aus Germteig, gefüllt mit Powidl oder Marillenmarmelade. Oder für alle Nicht-Österreicher: ein Hefegebäck mit einer Pflaumen- oder Aprikosenfüllung. Die Buchteln sind hervorragend. Dass der Puderzucker sich bis auf die Nasenspitze ausgebreitet hat, kümmert mich wenig, ob all der Ehrfurcht, die ich an diesem geschichtsträchtigen Ort verspüre. Faszinierend, dass hier einst Heimito von Doderer, Elias Canetti oder Peter Ustinov ein und aus gingen. Der Publizist und Kunsthistoriker Alfred Schmeller fühlte sich hier so heimisch, dass er logisch schlussfolgert:

> »Wenn ich nicht zu Hause bin, bin ich im Hawelka.
> Wenn ich nicht im Hawelka bin, dann bin ich auf dem Weg ins Hawelka.«

Keine zehn Gehminuten vom »Hawelka« entfernt sitzen wir Tags darauf auf rot gemustertem Polster in einem vornehmen Saal mit hoher Decke, Säulen und dem Duft von Quarkkuchen in der Luft. Es ist das Café Central, seines Zeichens Wohn- und Arbeitszimmer der Dichter und Denker im 19. und 20. Jahrhundert. Am Eingang wacht der österreichische Literat Peter Altenberg in Pappmaché. Wenn er nach seiner Wohnadresse gefragt wurde, habe er das Café Central angegeben, erzählt man sich in Wien. Altenberg, einst Stammkunde wie auch Schnitzler, Trotzki, Musil, Kraus oder Zweig. Erschlagen von so viel Prominenz finde ich mich an der Kuchentheke wieder. In der Vitrine, hinter auf Hochglanz polierten Scheiben, empfehlen sich Sacher-, Kaiser- und Dobostorte, rechts Rouladen, links Linzerschnitten und dahinter ein Fräulein in Schwarz-Weiß gekleidet, willens, mir von jeder Sorte ein Stück zu verkaufen. Doch für einmal gilt nicht der siebenstöckigen Medoviktorte mit süßem Honig meine Bewunderung, sondern dem simplen Gedanken daran, welch große Literaten und Legenden hier schon ein und aus gingen.

Schnitzler und Polgar machen mir besonders Eindruck. Polgar, einer der Großen der kleinen Form, habe ich während des Studiums kennen und seine Kurzgeschichten lieben gelernt. Auch Schnitzler war eine Entdeckung für mich. »Das weite Land«, »Reigen«, »Fräulein Else« – was der nicht alles geschrieben hat. Das Fräulein in Schwarz-Weiß, nach wie vor zu allen Empfehlungen bereit, drängt mich höflich zu einer Bestellung. Ich entscheide mich für Topfenkuchen. Wenn die Auswahl zu groß und meine Entscheidungsfreudigkeit eingeschränkt ist, wähle ich verlässlich Quarkkuchen. Das kommt nicht von ungefähr, sondern hängt damit zusammen, dass meine österreichische Großmutter ein bestechendes Rezept dafür gehabt hat. Das handgeschriebene Rezept habe ich – überrascht, dass ein solches überhaupt existierte – einst fotografiert. Mein Nani, so nennen wir sie, hat nämlich alles im Kopf oder viel eher im Handgelenk. Bisschen Mehl, bisschen Butter, etwas Zimt. Ob sie Marillenknödel oder Gulaschsuppe kocht, auf verlässliche Mengenangaben warte ich jeweils vergebens. Der Quark- oder eben Topfenkuchen ist da eine glückliche Ausnahme. Und der kann es ohne Weiteres mit jenem im Café Central aufnehmen.

Polgar, der Meister der kleinen Form, hat es sich nicht nehmen lassen, das Café Central mit seinen geistreichen Reflexionen zu beschenken. Seine »Theorie des Café Central« beginnt wie folgt:

> »Das Café Central ist nämlich kein Caféhaus wie andere Caféhäuser, sondern eine Weltanschauung, und zwar eine, deren innerster Inhalt es ist, die Welt nicht anzuschauen. Es gibt Schreiber, die nirgendwo anders wie im Café Central ihr Schreibpensum zu erledigen imstande sind, nur dort, nur an den Tischen des Müßigganges, ist ihnen die Tafel der Arbeit gedeckt, nur dort, von Faulenzlüften umweht, wird ihrer Trägheit Befruchtung. Es gibt Schaffende, denen nur im Central nichts einfällt, überall anderswo weit weniger.«

Die Wiener Kaffeehäuser sind keine normalen Cafés, wo Musik spielt, Menschen kommen und gehen, zusammen einen Tee trinken, etwas essen und wieder davonhuschen. Wiener Kaffeehäuser sind Orte zum Verweilen, zum Denken, zum Schreiben, zum Sein. Oder wie Alfred Polgar es nannte:

> »Das Kaffeehaus ist ein Ort für Leute, die allein sein wollen, aber dazu Gesellschaft brauchen.«

Oder eben einen Topfenkuchen.

QUARKKUCHEN

Für eine Springform
von 24 bis 26 cm Durchmesser

FÜR DEN BODEN

150 g Haferkekse
30 g Rauchmandeln
60 g Butter, geschmolzen

FÜR DIE QUARKMASSE

4 Eigelb
25 g Butter, weich
250 g Zucker
1 kg Magerquark
4 EL Grieß
1 Päckli Vanillezucker
4 Eiweiß
1 Prise Salz

FÜR DAS TOPPING

30 g Rauchmandeln
50 g Pekannüsse
2 EL Ahornsirup
250 g Brombeeren

1 Für den Boden Haferkekse und Rauchmandeln in einen Plastikbeutel geben und mit dem Wallholz fein zerbröseln, mit der geschmolzenen Butter vermengen. Die Springform fetten, die Bröselmasse hineingeben und mit einem Löffelrücken gut andrücken, dann kühl stellen.

2 Für die Quarkmasse Eigelbe, Butter und Zucker mit dem Handrührgerät schaumig rühren. Den Magerquark, Grieß und Vanillezucker daruntermischen. Das Eiweiß in einer fettfreien Schüssel mit einer Prise Salz steif schlagen und unter die Quarkmasse heben.

3 Die Quarkmasse sorgfältig in die vorbereitete Form gießen. Im auf 170 Grad vorgeheizten Ofen auf der mittleren Schiene mit Umluft 1 Stunde backen. Den Backofen während des Backens nicht öffnen! Den Kuchen bei leicht geöffneter Backofentür im Ofen auskühlen lassen. Dies verhindert, dass er zusammenfällt. Danach in den Kühlschrank stellen, da er kalt viel besser schmeckt.

4 Für das Topping Rauchmandeln und Pekannüsse grob hacken. Mit 1 Esslöffel Ahornsirup mischen und auf einem mit Backpapier belegten Blech in der Mitte des auf 120 Grad vorgeheizten Ofens etwa 20 Minuten knusprig rösten.

5 Die Brombeeren mit 1 Esslöffel Ahornsirup in einen Topf geben und bei geringer Hitze 2 Minuten köcheln; etwas auskühlen lassen. Wer mag, kann die Brombeeren auch frisch auf den Kuchen geben. Brombeeren und Knuspermischung auf dem Kuchen verteilen.

TIPP Der Quarkkuchen schmeckt am nächsten Tag genauso gut. Ohne Topping im Kühlschrank aufbewahren und dieses erst vor dem Servieren darauf geben.

DER UR-FOODIE

Kochen ist sexy. Das Heimchen am Herd hat schon lange ausgedient. Spätestens seit Nigella Lawson und Jamie Oliver scharf anbraten, hat Kochen auch etwas mit Sexappeal zu tun. Wenn Jamie mit reichlich Olivenöl und viel Handarbeit seine Salatblätter massiert, ist das Hingebung bis aufs Letzte.

Seit einigen Jahren ist gar vom gastrosexuellen Mann die Rede. Während der Metrosexuelle sein Spiegelbild optimiert, perfektioniert der Gastrosexuelle sein Spiegelei. Eigentlich ist es naheliegend: Männer wie Frauen, die gern und gut kochen, sind attraktiv. Dabei denke ich nicht an den Versorgeraspekt, im Sinne von: Er oder sie weiß, wie man die Familie über den Winter bringt. Nein, reizvoll ist viel eher die Tatsache, dass gute und vor allem leidenschaftliche Köche wahre Genießernaturen sein müssen. Dem Guten und Schönen nicht abgeneigt, stets für ein Glas Wein und einen Teller Pasta zu haben.

Brillat-Savarin – französischer Schriftsteller und einer der bedeutendsten Gastrosophen überhaupt – hat vor fast zweihundert Jahren in ein ähnliches Horn geblasen. Okay, vielleicht konzentrierte er sich weniger auf den Sexappeal der Genießer, dafür aber auf ihre Beziehungstauglichkeit. Für ein intaktes Eheleben sollten Ehegatten vor allem die Liebe für gutes Essen teilen, schreibt der Gourmet in seinem Hauptwerk »Die Physiologie des Geschmacks«, an welchem er fünfundzwanzig Jahre lang gearbeitet hat. So heißt es da:

»Herrscht sie auf beiden Seiten, so übt die Feinschmeckerei den denkbar größten Einfluss auf das Glück zweier Gatten. Zumindest einmal am Tage haben sie, sofern sie Feinschmecker sind, den angenehmsten Anlass zur Zusammenkunft. Denn die Trennung vom Bett – sehr verbreitet – ist noch lange nicht die Trennung vom Tisch. Stets lässt sich dies Thema für die Unterhaltung erneuern: man spricht nicht nur im Präsens – auch was sie gegessen haben oder essen werden; welche Modegerichte sie bei andern gesehen; von neuen kulinarischen Erfindungen – und all diese intimen Causerien, all dieser ›chit-chat‹ hat eine Menge Reize. Gewiss, auch die Musik übt manche Anziehung auf ihre Jünger, aber man muss sie doch extra beginnen: es ist und bleibt eine Arbeit. Im übrigen ist man öfter erkältet, Noten sind nicht zu finden, Instrumente sind verstimmt, man hat Migräne – man streikt. Zu Tisch dagegen ruft beide Gatten ein beiderseitiges Bedürfnis und hält sie dort fest; ganz von selbst kommen da die kleinen Aufmerksamkeiten, mit denen jeder gern sich schmückt, und die Art, wie das häusliche Essen abläuft, trägt viel zum Glück des Lebens bei.«

— JEAN ANTHELME BRILLAT-SAVARIN,

PHYSIOLOGIE DES GESCHMACKS

Mein gastrosexueller Mann hat zwar keine Migräne, aber auch kein Instrument, das mal nicht verstimmt sein könnte. Will heißen, wir treffen uns bei Tisch. Das zumindest hätte Savarin gerne gehört, und den Gefallen mach ich ihm. Ein gastrosexueller Mann bringt reichlich Vorteile. Mit ihm können Sie zwei Stunden über die Durian philosophieren, bei Nässe und Frost in einer fremden Stadt in ein ganz bestimmtes Restaurant wandern oder mit Sous-vide und Sauerteig gemeinsame Höhepunkte erleben.

Gourmet Brillat Savarin war ein Käse-Liebhaber. Es ist also naheliegend, das Savarin-Menü mit dem nach ihm benannten Käse zu kredenzen. Kaufen Sie die doppelte Menge Käse, servieren den Rest zum Dessert und huldigen Brillat Savarin, der sagte: »Ein Dessert ohne Käse ist wie eine einäugige Schönheit.«

POLENTA MIT BRILLAT-SAVARIN, FEDERKOHL, PILZEN UND BIRNE

FÜR DIE POLENTA

600 ml kräftige Gemüsebouillon (falls nötig, noch etwas mehr)
600 ml Vollmilch
250 g grobe Bramata-Polenta
40 g Butter
40 g Parmesan, frisch gerieben

FÜR DEN BELAG

200 g Pilze, zum Beispiel Champignons
2 Knoblauchzehen
1 rote Zwiebel
2 EL Olivenöl
2 TL frische Thymianblättchen
grobkörniges Meersalz, Pfeffer aus der Mühle
8–10 Stängel Federkohl (Grünkohl)
2 kleine, reife Birnen
1 Handvoll Walnüsse, geröstet
250 g Brillat-Savarin oder ein anderer milder, cremiger Weichkäse

1 Für die Polenta Bouillon und Milch aufkochen. Den Polentamais einrieseln lassen. Unter Rühren erneut aufkochen und bei mittlerer Hitze 40 bis 50 Minuten köcheln lassen. Butter und Parmesan unterrühren.

2 Die noch warme Polenta auf einem gut gefetteten oder mit Backpapier belegten Backblech zu einer gleichmäßigen etwa 3 cm dicken Schicht ausstreichen. Auskühlen und fest werden lassen.

3 Für den Belag Pilze und Knoblauch in Scheiben schneiden, die Zwiebel fein hacken. Pilze, Knoblauch und Zwiebel in Olivenöl andünsten, den Thymian dazugeben, mit Salz und Pfeffer würzen. Den Federkohl waschen, die groben Stiele entfernen und die Blätter in mundgerechte Stücke zupfen. Federkohl für circa 3 Minuten blanchieren, ausdrücken und zu den Pilzen geben. Die Birnen in Schnitze schneiden.

4 Die Pilz-Gemüse-Mischung auf der Polenta verteilen und mit den Birnenschnitzen belegen. Die Walnüsse etwas hacken oder im Mörser leicht zerstoßen, ebenfalls darauf verteilen. Polenta nun im auf 200 Grad vorgeheizten Backofen unter dem Grill 8 bis 10 Minuten überbacken. Polenta und Gemüse sollten knusprig und goldbraun werden, jedoch nicht anbrennen. Den Weichkäse in Scheiben schneiden, auf die Polenta geben und weitere 2 Minuten im Backofen überbacken. In Stücke schneiden und servieren. Dazu passt ein herbstlicher Salat.

CLIFF
Giù

WO GOURMETS IHRE WAHLHEIMAT FINDEN

»Für Italiener ist Nahrung weit mehr als nur zum Essen da. Oder deutlicher ausgedrückt, alle Nahrung hat für Italiener eine zusätzliche Qualität jenseits von Geschmack und Nährwert: Speisen sind entweder pesante oder leggero, also leicht oder schwer. (...) Was deine Mutter gekocht hat, ist leicht, egal, ob es sich um gedünstete Zucchini oder um Pasta mit Butter, Sahne und Parmesan handelt. Letztere kann auch als leicht eingestuft werden, glaube ich, weil alle Zutaten weiß sind und dies die eindeutige Farbe der Leichtigkeit ist, wie bei Huhn oder Kalbfleisch. Alles, was man nicht mag, ist schwer. (...) Pasta kann schwer oder leicht sein, je nachdem, mit welcher Soße sie serviert wird. Man sollte annehmen, Blumenkohlsoße sei leicht (da sie weiß und eigentlich schon darum leicht ist), aber Blumenkohl gehört zur Kohlfamilie, und das macht ihn schwer. Tomaten sind, da sie Säure enthalten, schwer, sofern sie nicht sehr lange gekocht wurden, das macht sie leicht. Es sei denn, deine Mutter mochte sie nicht, dann sind sie eben zu ewiger Schwere verdammt. Zwiebeln verändern sich wie Orangen in Abhängigkeit zur Tageszeit, zu der man sie isst, wobei sie die Neigung haben, mit dem Voranschreiten des Tages immer schwerer zu werden. Gebratenes ist immer schwer, sofern es nicht in einem leichten Öl gebraten wurde, wobei dessen Leichtigkeit wieder davon abhängt, für wie rein das Öl gehalten wird.«

— **DONNA LEON,** MY VENICE AND OTHER ESSAYS

Was Donna Leon hier beschreibt, klingt nach Italien, wie es leibt und lebt. Ein bisschen kompliziert, mit viel Temperament und noch mehr Genuss. Leon muss es wissen, schließlich hat sie selbst in Italien gelebt, und ihr Commissario Brunetti ist der venezianische Cop schlechthin. Dass auch er ein Feinschmeckerleben führt, ist kaum zu überlesen. So gönnt er sich zwischen üblen Fällen immer wieder Feinkost aus der Küche. Im Roman »Stille Wasser« muss der arme Kerl dann doch noch abnehmen, und bevor wir jetzt in Gefahr geraten, mit Brunetti zu diäten, wenden wir uns wieder Lustvollerem zu.

Ich finde, die Italiener haben eine beneidenswerte Beziehung zum Essen. Der Teller Spaghetti nach einem langen Arbeitstag ist längst nicht nur Energiezufuhr. Er ist Heimkommen und Ankommen, Mamma und Nonna, Wärme und Wonne, Kohlenhydrate und Käse. Ja, die Italiener sind, wenn es ums Essen geht, eine Instanz. Ein Abend ohne Aperitivo ist hier – ich erinnere mich an meine Zeit in Bologna – genauso dramatisch wie eine Fußballweltmeisterschaft ohne die Azzurri. Es gehört einfach dazu, basta! Neben Negroni und Vino rosso werden allerlei Häppchen serviert. Pizzaecken, Salametti, Grissini und frische Focaccia. Der Kellner, eine Mischung aus Eros Ramazotti und »der Pate«, kommt an unseren Tisch und zeigt – mit viel Geduld gesegnet –, wie wir die hauseigene Mortadella zu essen haben. Er reißt ein Stück Focaccia ab, bestreicht es großzügig mit Lardo, also purem Schweinefett, und belegt es noch großzügiger mit Mortadella. Stolz hält er mir den Happen hin. Ich sehe nun mehr Pate als Ramazotti, greife zu und verschlinge brav.

»La grassa«, die Fette, wie Bologna liebevoll auch genannt wird, ist tatsächlich die pure Verführung. Wo das Auge hinfällt, Mortadella, Parmiggiano, Salsiccia und Tortellini. Hier wird gekostet, genossen und geschlemmt. Das Paradies für Feinschmecker liegt also tatsächlich mitten in der Emiglia-Romana, irgendwo zwischen Venedig und Florenz. Und »La grassa« meint übrigens keine träge, unförmige RTL2-Protagonistin, sondern viel eher die herzliche, üppige Mamma mit roten Lippen, vollem Busen und Händen, die Mehl und Wasser in Gold verwandeln.

TI AMO

SOMMER-PANZANELLA

FÜR DIE CROÛTONS

300 g Brot vom Vortag
50 ml Olivenöl
grobkörniges Meersalz, Pfeffer aus der Mühle
1 Knoblauchzehe

FÜR DAS DRESSING

3 EL Apfelbalsamico
6 EL Olivenöl
2 TL grobkörniger Senf
1 TL flüssiger Honig
grobkörniges Meersalz, Pfeffer aus der Mühle

FÜR DEN SALAT

3 große Tomaten ›Cuore di Bue‹ aka Ochsenherz
1 große oder zwei kleine rote Zwiebeln
120 g Kirschen
1 Bund Basilikum
200 g Jungsalat
1 Handvoll Pekannüsse, geröstet
4 – 6 reife Feigen, geviertelt
grobkörniges Meersalz, Pfeffer aus der Mühle
Crema di Balsamico zum Garnieren, nach Wunsch

1 Für die Croûtons das Brot in grobe Würfel schneiden, nach Wunsch die Rinde entfernen. Die Brotwürfel mit dem Olivenöl, etwas Salz, Pfeffer und dem durchgepressten Knoblauch mischen und flach auf einem mit Backpapier belegten Blech verteilen (wenn sie sich überlagern, werden sie nicht so knusprig). In der Mitte des auf 200 Grad vorgeheizten Ofens 15 bis 20 Minuten rösten. Sie sollten außen schön knusprig, im Inneren noch etwas weich sein.

2 Für das Dressing alle Zutaten gut mischen. Abschmecken.

3 Die Tomaten achteln. Die Feigen vierteln. Die Kirschen halbieren und entsteinen. Den Salat waschen und trocken schleudern. Die Zwiebel in feine Ringe schneiden. Die Basilikumblätter von den Stielen zupfen.

4 Für den Salat Tomatenschnitze, Zwiebelringe, Kirschen, Basilikum und Croûtons mit dem Dressing mischen. 30 Minuten oder besser noch etwas länger ziehen lassen. Jungsalat darunter-mischen, mit gerösteten Pekannüssen und Feigen garnieren und nach Wunsch mit etwas Crema di Balsamico beträufeln.

TIPP Sie können von den Croûtons gut die doppelte Menge zubereiten, sie halten sich problemlos mehrere Tage.

KINGSLEYS KATERFRÜHSTÜCK

Der Kater. Er ist ätzend, und doch lässt es sich darüber wunderschön schreiben. Keiner hat das je trefflicher in Worte gefasst als Amis Kingsley in »Lucky Jim«.

> »Dixon lebte wieder. Das Bewusstsein kam über ihn, bevor er ausweichen konnte; nicht der langsame, gemessene Abschied aus den Hallen des Schlafes wurde ihm zuteil, sondern eine barsche Ausweisung. Er lag da, alle Viere von sich gestreckt, zu zerschlagen, um sich zu bewegen, herausgespuckt wie eine zerbrochene Riesenkrabbe am Morgen auf dem teerigen Kiesstrand. Das Licht tat ihm weh, aber nicht so sehr wie das Schauen: Nachdem er seine Augen einmal bewegt hatte, entschloss er, es nie wieder zu tun. Ein staubiges Pochen in seinem Kopf ließ die Szenerie vor ihm wie einen Puls auf und ab tanzen. Eine kleine Kreatur der Nacht hatte seinen Mund zuerst als Latrine benutzt und dann als Mausoleum. Während der Nacht hatte er außerdem aus irgendeinem Grund an einem Geländelauf teilgenommen und war dann von der Geheimpolizei fachmännisch zusammengeschlagen worden. Er fühlte sich schlecht.«

Die schlechte Nachricht gleich zuerst: Das Konterbier zur Katerbekämpfung ist keine gute Idee. Auf den Kater komplett zu verzichten, muss aber auch nicht sein. Schließlich soll er so was wie das Qualitätsprädikat der vorangegangenen Party sein. Und das ist die gute Nachricht: Es gibt andere Lösungen. Allen voran ein korrektes Frühstück. Wobei die Millenials jetzt alle an Avocado-Toast denken.

Sie essen ihn alle. Von Melbourne bis Berlin, von London bis San Fran, Avo-Toast steht zuverlässig auf der Karte der hippen Cafés der Großstädte dieser Welt. Zum Toast, der ja eigentlich gar kein Toast ist, sondern eher eine große Scheibe Bio-Sauerteigbrot, gibt es vorzugsweise einen »Flat White«. Am Wochenende pilgern sie in Scharen in die Brunch-Lokale, mit Mops in der Linken, Zeitung in der Rechten, gönnen sich Shakshuka, Mimosa und eben Avo-Toast. Auswärts frühstücken ist so beliebt wie selten zuvor. Wobei das, was da im großen Stil betrieben wird, nicht mehr Frühstück genannt werden kann. Die Pilger kommen kaum je vor zehn Uhr, bleiben aber gut und gerne bis sechzehn Uhr sitzen, lesen, diskutieren und genießen. Gebruncht wird am Samstag und am Sonntag, ausgiebig, mit Hunger und Hingabe. Wieso, darf man sich fragen, ist auswärts brunchen derart populär? Auf der Hand liegt das nämlich nicht.

Duschen, Schminken, Schönmachen – und die Brunch-Freunde sind meistens sehr schön gemacht – ist nicht ohne Anstrengung. Allein schon das Aufstehen kann, je nach vorangegangener Nacht, ein mühevoller Akt sein. Besonders dann, wenn das Brunch-Volk eben erst das Party-Volk war. Ein Vorteil ist zweifelsohne, dass es keine konkrete Kocharbeit erfordert; mit der Entscheidung zwischen Avo-Toast, Eggs Benedict oder doch dem Porridge ist es bereits getan. Kein Eierbraten, kein Gang zum Bäcker, keinen Filterkaffee aufsetzen. Doch wer auswärts bruncht, opfert auch die heimlichen Trümpfe der Sause: Bademantel, leicht fettiges Haar und Stille. Stattdessen sitzen sie lieber frisch geduscht und aufgebrezelt mit der gesamten Glaubensgemeinschaft auf Holzbänken, zahlen für jeden Kaffee einzeln und geben sich alle Mühe, mit ihrer Handy-Kamera den Moment zu erwischen, in dem das flüssige Eigelb über die Avocado aufs Sauerteigbrot rinnt. Ist der Shot im Kasten, gibt's noch eine Insta-Story, erst dann wird gegessen. Das In-Lokal unbedingt noch taggen, sodass am nächsten Sonntag noch mehr Brunch-Wütige das Lieblingslokal fluten.

DREIERLEI AUFSTRICHE FÜR DIE FRÜHSTÜCKSSTULLE

MUHAMMARA MIT PAPRIKA UND WALNÜSSEN

2 rote Paprika (ca. 270 g)
2 EL Olivenöl
grobkörniges Meersalz, Pfeffer aus der Mühle
80 g Walnüsse, geröstet
1 Knoblauchzehe
1 ½ EL Sherryessig
1 EL Granatapfelmelasse
1 TL geräucherter Paprika

1 Die Paprika vierteln, entkernen und in eine Gratinform geben. Mit Olivenöl, Salz und Pfeffer mischen und in der Mitte des auf 180 Grad vorgeheizten Ofens etwa 40 Minuten garen.

2 Die Walnüsse in einer beschichteten Pfanne ohne Fett rösten, bis sie zu duften beginnen.

3 Die Paprika etwas auskühlen lassen, dann im Mixer oder Cutter pürieren; um das Pürieren zu erleichtern und für ein cremigeres Resultat eventuell 1 Esslöffel kaltes Wasser oder Olivenöl hinzufügen.

4 Walnüsse, Knoblauch, Sherryessig, Granatapfelmelasse, geräucherten Paprika, Salz und Pfeffer dazugeben und nochmals pürieren. Die Paste darf ohne Weiteres noch kleine Stückchen enthalten; wie fein sie werden soll, ist Geschmackssache. Abschmecken.

ERBSEN-MANDEL-DIP

200 g tiefgekühlte Erbsen
100 g Mandeln, geröstet
3 EL Olivenöl
3 EL Zitronensaft, frisch gepresst
grobkörniges Meersalz, Zitronenpfeffer
150 g Ziegenfrischkäse
Mirco Greens zum Garnieren

1 Die Erbsen in Salzwasser kurz blanchieren. Die Mandeln in einer Pfanne ohne Fett rösten, bis sie zu duften beginnen.

2 Eine Handvoll Erbsen und eine Handvoll Mandeln für die Garnitur beiseitelegen. Die restlichen Erbsen und Mandeln mit Olivenöl und Zitronensaft in der Küchenmaschine (Cutter) pürieren. Die Masse darf durchaus noch grob sein; wer es lieber fein mag, püriert länger. Mit Salz und Pfeffer abschmecken.

3 Den Ziegenfrischkäse leicht unter das Erbsenpüree ziehen und mit Micro Greens sowie den beiseitegelegten Erbsen und Mandeln garnieren.

RANDEN-JOGHURT-BORANI

2 gekochte Randen (Rote Beten) (ca. 350–400 g)
3 EL griechischer Joghurt, plus 2 EL griechischer Joghurt zum Garnieren
2 EL Sherryessig
1–2 TL Dattelsirup
grobkörniges Meersalz, Pfeffer aus der Mühle
1 Handvoll Pistazien zum Garnieren
½ Bund frischer Dill

1 Die Randen schälen und in Würfel schneiden. Mit Joghurt, Sherryessig, Dattelsirup, Salz und Pfeffer nach Wunsch mehr oder weniger fein pürieren.

2 Die Pistazien in einer beschichteten Pfanne ohne Fett rösten, bis sie zu duften beginnen, dann fein hacken.

3 Die zweite Portion Joghurt auf das Randenpüree geben und mit einer Gabel leicht marmorieren, mit Dill und gerösteten Pistazien garnieren.

TIPP Diese Dips schmecken auf vielerlei Art herrlich. Perfekt passen sie auf frisches Sauerteigbrot, zu Fladenbrot oder auch aufs Knäckebrot. Genauso gut mit rohen Gemüsesticks zum Aperitif oder als Dip zu Ofengemüse.

GLÜCKLICHE LINSEN

»Ich koche gerne, ich koche zum Beispiel gern Linsen. Linsen und Glück, das ist für mich so etwas Ähnliches. (…) Linsen, ob in Paris gekocht oder in Berlin gekocht, wenn sie gut gekocht sind, vermitteln mir noch immer das gleiche Glücksgefühl.«

— **GÜNTER GRASS,** IN EINEM FERNSEHINTERVIEW, ABGEDRUCKT IM »SPIEGEL«

Was für eine appetitliche Ansage. Würde ich mit Linsen handeln, hätte ich just in dem Moment meinen neuen Werbeslogan. Was, bitte, kann Menschen mehr zum Linsenessen animieren als das unmittelbare Erreichen eines Glücksgefühls? Da haben die so wertvollen pflanzlichen Proteine schlagartig ausgedient. Wer interessiert sich schon für Phosphor und Kalium, wenn ich Glück haben kann. Günter Grass, ein so streitbarer wie brillanter Autor, sagt damit Wichtiges. Es steht außer Frage, Glück verbinden wir mit den ganz großen Gefühlen, mit Familie und Freunden, mit Geborgenheit und Gesundheit. Es sind aber eben auch die kleinen Dinge im Alltag, die Glück bedeuten. Glück heißt für mich, wenn mein kleiner Neffe seine speckigen Ärmchen nach mir ausstreckt, wenn ich Flecken beim Waschen wieder rausbringe, wobei ich erwähnen muss, dass ich die denkbar schlechteste Wäscherin bin. Glück ist bei offenem Fenster Auto fahren, den Wind im Haar, die Sonnenstrahlen im Gesicht – bitte aber gegen Süden und nicht bloß zu Ikea. Glück ist auch für Freunde kochen, und wenn diese beim Probieren dann steinzeitähnliche Laute von sich geben und die Augen schließen, sind das Glücksgefühle in einer Tischbombe. Oder wenn die feinen Nylonstrümpfe nochmals einen weiteren Tag überstehen, ohne auch nur eine einzige Laufmasche zu bekommen. Ein perfekt geratenes Eigelb, das ist jedes Mal einen kleinen Freudenschrei wert. Sie sollten sich dabei kein lautes Jubeln vorstellen, viel eher ein beseeltes Juchzen. Glück heißt, auch die kleinen Alltagsmomente als Glück zu erkennen – das ist Günter Grass mit seinen Linsen gelungen.

Das folgende Linsengericht ist für Günter Grass. Mit Linsen, Datteln, Cranberrys und Nüssen. Das hätte ihn vermutlich noch glücklicher gemacht. Denn er hat einst gesagt:

> »Mit einem Sack Nüsse will ich begraben sein und
> mit neuesten Zähnen. Wenn es dann kracht, wo ich liege,
> kann vermutet werden: Er ist das, immer noch er.«
>
> – **GÜNTER GRASS**, WEGZEHRUNG

LINSENSALAT MIT OFENGERÖSTETEN BAHARAT-KAROTTEN

FÜR DIE KAROTTEN

1 Bund Karotten mit Grün
3 EL Olivenöl
1 EL Zitronensaft, frisch gepresst
grobkörniges Meersalz, Pfeffer aus der Mühle
½ TL Baharat-Gewürzmischung
½ TL gemahlener Zimt
2 TL flüssiger Honig

FÜR DEN LINSENSALAT

300 g Belugalinsen, abgespült
grobkörniges Meersalz, Pfeffer aus der Mühle
5 EL Kürbiskernöl
2 EL Balsamicoessig
1 Handvoll Cranberries
1 Handvoll Datteln
1 rote Zwiebel
1 Handvoll Kürbiskerne, Sonnenblumenkerne, Haselnüsse

1 Die Karotten schälen und das Grün so weit entfernen, dass noch ein kleiner, grüner Ansatz stehen bleibt.

2 Die Karotten in eine Gratinform geben und mit Olivenöl und Zitronensaft beträufeln. Mit Salz, Pfeffer, Baharat und Zimt würzen, mit dem Honig beträufeln und in der Mitte des auf 170 Grad vorgeheizten Ofens 45 bis 50 Minuten garen. Die Karotten sollen nicht anbrennen, gar sein und noch etwas Biss haben.

3 Die Linsen in genügend Wasser ohne Salz etwa 25 Minuten kochen. Abgießen und die Linsen in eine Schüssel geben, mit Salz und Pfeffer würzen, Kürbiskernöl und Balsamico daruntermischen. Die Cranberries halbieren, die Datteln und die Zwiebel fein hacken und alles unter die Linsen mischen.

4 Kürbiskerne, Sonnenblumenkerne und Haselnüsse in einer Pfanne ohne Fett rösten, bis sie zu duften beginnen. Unter die Linsen mischen.

5 Die Karotten in Schalen oder tiefe Teller verteilen und die Linsen darauf anrichten.

STAR FERRY IN HONGKONG

SUPER SULUTSUPP À LA FRANZ HOHLER

Bei den Überlegungen zur Auswahl der Textstellen für dieses Buch schwirrten etliche Autorennamen und Büchertitel in meinem Kopf herum. Dabei war ich öfter unsicher darüber, ob sie nervös schwirrten, weil sie ins Buch wollten oder weil ihnen genau davor bangte. Einzig bei Franz Hohler weiß ich, dass Letzteres höchstwahrscheinlich nicht zutrifft, denn ihm habe ich persönlich eine E-Mail geschrieben. Wer kennt sein Werk denn schon besser als er selbst, und wenn es irgendwo ums Essen geht, würde er mir das schnell sagen können. Zudem hätte ich Hohler gerne im Buch gehabt. Er ist schließlich so etwas wie ein Nachbar. Und prompt habe ich einen Tipp bekommen. »Sulutsupp«, ich solle die Kurzgeschichte »Sulutsupp« lesen. Um was für ein Rezept es sich dabei wohl handeln mochte? Um einen Salat oder eine Suppe? Oder eine Kopfsalat-Suppe? Oder eine Suppe aus Aserbaidschan, die nach der Stadt Sulut benannt ist?

Es gibt sinnvolle Namensgebungen, augenfällige, kreative und groteske. »Sulutsupp« würde ich unter der letzten Kategorie abbuchen. Aber sie befindet sich in bester Gesellschaft. Wer weiß schon, was ein Hackbraten mit Ei mit einem falschen Hasen zu tun hat oder ein Schoko-Schichtdessert mit einem kalten Hund? Dass es durchaus Sinn macht, den Walliser Gemüsekuchen »Cholera« zu nennen, begreift man auch erst dank der Erklärung, dass zu jener Zeit, als im Wallis die Cholera grassierte, der Tauschhandel mit Esswaren verboten war. So musste mit dem gekocht werden, was der Haushalt hergab: Lauch, Käse, Äpfel, Mehl. Das ist die eine Erklärung. Eine zweite

Erklärung, die sprachliche nämlich, besagt, dass es viel eher mit der Kohle zusammenhängt, in welcher der Kuchen gebacken wurde. Wie dem auch sei, ob die Bezeichnung nun grotesk oder doch sinnvoll ist, lässt sich nicht immer abschließend klären.

Noch kreativer als die Walliser sind die Chinesen. In Hongkong habe ich Mapo Tofu gegessen und war begeistert. Ein überaus würziges, angenehm scharfes Hackfleisch, das großzügig auf einem ziegelsteingroßen ausgesprochen cremigen Seidentofu serviert wird. Für westliche Gaumen eine ungewöhnliche Kombination. Seidentofu essen doch jene, die Fleisch bewusst meiden, Hackfleisch alle anderen. In der Szechuanküche paart sich beides in einem Gericht, das noch dazu auffallend beliebt zu sein scheint. Jedes Restaurant, das was auf sich hält, hat die Symbiose auf der Karte. »Mapo« bedeutet im Chinesischen pockennarbige alte Frau, Mapo Tofu heißt dann Tofu nach Art der pockennarbigen alten Frau. Dies in liebevollem Gedenken an die Erfinderin dieses Gerichts. Wer zum Abendessen Tofu nach Art der pockennarbigen alten Frau verspeist, sollte zum Ausgleich dazu den chinesischen Apfel-Bananen-Auflauf mit Zucker-Ei-Haube bestellen. Dieser nennt sich nämlich »Pflaumenblüten und Schnee wetteifern um den Frühling«. So gelingt dann doch noch ein ganz ansehnlicher Abschluss.

Zurück zur »Sulutsupp«, die in Anbetracht von Mapo Tofu und kämpferischen Pflaumenblüten gar nicht mehr so abwegig daherkommt. Franz Hohlers Geschichte schafft in den ersten Zeilen Klärung. Die Sulutsupp-Geschichte erzählt von einer Brennnesselsuppe und liefert zudem ein genaues Rezept zum Nachkochen. Franz Hohler schreibt:

> »Schneiden Sie so viel ab, wie Ihnen richtig scheint, wobei Brennnesseln eine ähnliche Verkleinerungsfähigkeit haben wie Spinat. Einmal gekocht, schrumpfen sie zu überraschend mageren Häuflein zusammen. (...) ziehen Sie sich gute Küchenhandschuhe an, denn die Brennesseln verteidigen ihren Namen noch immer, neuerdings sogar mit drei n.«

Wenn ein fantasiebegabter Kopf wie Franz Hohler Rezepte schreibt, bekommen auch die Schalotten einen sturen Schädel.

> »In der Pfanne, die wir für die Sulutsupp auserkoren haben, (...) erhitzen wir nun etwas Öl, wieso nicht Distelöl, um bei Einheimischem und Näherliegendem zu bleiben, werfen ebenfalls klein geschnittene Schalotte hinein, wogegen sie zischend protestiert, schmeißen ihr dann, damit sie sich beruhigt, die ganzen Brennnesseln nach, und sollten diese ebenfalls zischen, rühren wir sie mit einem Holzlöffel um, bis sie nach Flüssigkeit dürsten, leeren dann ein Glas Weißwein hinein, er zischt und dampft abermals, danach schütten wir die inzwischen brodelnde Bouillon hinein, rühren das Ganze ein bisschen um, stellen dann die Herdplatte klein und deckeln die Pfanne.«

Das Geheimnis um die Zubereitung einer Sulutsupp hätten wir also gelüftet, bleibt noch die Frage nach dem ungewöhnlichen Namen. Auf die Sprache der Steinzeit sei das zurückzuführen, »die nur einen Vokal besaß, eben das u, und für sämtliches Grünzeug nur die Bezeichnung ›sulut‹ zur Verfügung hatte.« Eine Grünzeug-Suppe also, vollkommen harmlos und mit der wärmsten Empfehlung von Franz Hohler höchstpersönlich:

> »... ich kann Ihnen eine Suppe garantieren, bei der Ihre Gäste Fragen stellen werden. Sollten sie allerdings bloß sagen, eine interessante Suppe, dann ist sie Ihnen nicht gelungen, denn interessant ist das Schlimmste, was man von einer Speise sagen kann, dahinter kommt gleich abscheulich, aber wenn sie mit glänzenden Augen fragen: ›Sag mal, was ist das genau?‹, dann haben Sie gewonnen.«

BRENNNESSEL-BLUMENKOHL-SUPPE MIT PIKANTEM GRANOLA UND FRISCHEN BLÜTEN

1 großer Blumenkohl
100 – 150 g Brennnesseln
(aus dem Wald oder dem Garten)
1 große Zwiebel
2 EL Raps- oder Olivenöl
100 ml Weißwein, Prosecco oder Noilly Prat
500 ml Bouillon
250 ml Kokosmilch
grobkörniges Meersalz, Pfeffer aus der Mühle

pikantes Granola (siehe Basics)
frische Blüten als Garnitur

1 Den Blumenkohl in Röschen teilen, waschen. Von den Brennnesseln grobe Stiele entfernen und sehr gut waschen; dabei vorzugsweise Handschuhe tragen. Die Zwiebel fein hacken. Das Öl in einem großen Topf erhitzen und die Zwiebel andünsten. Den Blumenkohl dazugeben und mit anbraten, dann die Brennnesseln hinzufügen und weiter dünsten.

2 Alles mit Weißwein oder Prosecco ablöschen, die Bouillon dazugeben und etwa 10 Minuten köcheln lassen. Die Kokosmilch hinzufügen und weitere 5 bis 10 Minuten köcheln. Dann mit dem Pürierstab oder im Mixer fein pürieren. Mit Salz und Pfeffer abschmecken.

3 Die Suppe auf vier Schalen verteilen und mit dem pikanten Granola und essbaren Blüten garnieren.

MAX FRISCH
MAGS FRISCH UND FISCH

»Ich war der einzige Gast, weil nicht früh am Abend, und was mich irritierte, war lediglich der Spiegel gegenüber, Spiegel im Goldrahmen. Ich sah mich, sooft ich aufblickte sozusagen als Ahnenbild: Walter Faber, wie er Salat isst, in Goldrahmen. Ich hatte Ringe unter den Augen, nichts weiter, im übrigen war ich sonnengebräunt, wie gesagt, lange nicht so hager wie üblich, im Gegenteil, ich sah ausgezeichnet aus. Ich bin nun einmal (das wusste ich auch ohne Spiegel) ein Mann in den besten Jahren, grau, aber sportlich. Ich halte nichts von schönen Männern. Dass meine Nase etwas lang ist, hat mich in der Pubertät beschäftigt, seither nicht mehr; seither hat es genug Frauen gegeben, die mich von falschen Minderwertigkeitsgefühlen befreit haben, und was mich irritierte, war einzig und allein dieses Lokal: wo man hinblickte, gab es Spiegel, ekelhaft, dazu die endlose Warterei auf meinen Fisch. Ich reklamierte entschieden, zwar hatte ich Zeit, aber das Gefühl, dass die Kellner mich nicht ernstnehmen, ich weiß nicht warum, ein leeres Etablissement mit fünf Kellnern, die miteinander flüstern, und ein einziger Gast: Walter Faber, der Brot verkrümelt, in Goldrahmen, wohin ich auch blickte; mein Fisch, als er endlich kam, war ausgezeichnet, aber schmeckte mir überhaupt nicht, ich weiß nicht, was mit mir los war.«

— **MAX FRISCH,** HOMO FABER

Sie kennen Walter Faber bestimmt. Den Protagonisten aus »Homo Faber«, womöglich Max Frischs meistgelesenes Werk. Mit Walter Faber habe ich nicht viel gemein. Ich bin weder besonders rational noch technikaffin, rauche nicht wie ein Schlot und vertrete im Gegensatz zu ihm feministische Anliegen. Wenn er aber in einem leeren Lokal voller Spiegel sitzt und sich darüber irritiert zeigt, kann ich ihn sehr gut verstehen. Vom Warten und von Spiegeln mal abgesehen, allein schon die Tatsache, der einzige Gast zu sein, hätte bei mir für Grauen gesorgt. Grund dafür ist nicht, dass ich der Überzeugung bin, schlecht besuchte Restaurants böten auch schlechtes Essen. Aber ich mag die ungeteilte Aufmerksamkeit des Kellners nicht und finde die Stille weder entspannend noch romantisch, sondern trostlos. Ich bevorzuge ein reges Treiben, eine Geräuschkulisse, die nach hitzigen Diskussionen und Gelächter klingt, nach Liebesschwüren und Schwadronieren, schweißgebadet der Kellner, schließlich läuft der Laden.

Ein gutes Lokal zu finden, ist nicht immer ganz einfach. Insiderwissen ist nicht zwingend nötig, nur ein paar Basics. Die beste Pasta gibt's nicht an der Piazza Navona, das knusprigste Croissant kaum am Fuße des Eiffelturms. Erstklassige Lage heißt selten erstklassige Küche. Auch dass es sich unter Neonlicht und auf Plastikstühlen hervorragend dinieren lässt, musste ich erst lernen. Je geschmackloser das Tischtuch, desto besser das Essen, sogar das kann eine Devise sein.

Begonnen hat diese Schulung für mich in Athen. Es war heiß und schwül, auch noch abends um elf. Wir eilten durch die Gassen und Sträßchen der Altstadt und suchten nach einer Taverne, die uns griechische Köstlichkeiten servieren würde. Ich wollte folkloristische Tischtücher und griechischen Wein aus dem Tonkrug, lauschig unter einer Traubenpergola und in der Ferne die Akropolis. Natürlich gibt es solche Lokale, haufenweise. Die Moussaka ist lieblos, das Tzaziki kann ich selber genauso gut, und wenn's hochkommt, gibt der Kellner mit der Attitüde eines Zirkusakrobaten ein »Chuchichäschtli« zum Besten. Der Hunger hat uns dann in ein Lokal getrieben, die Tische bedeckt mit etlichen Lagen dünnem Papier, sodass Olivenölspritzer, Pitakrümel und Weinglasränder nach jedem Gast mit einem Griff beseitigt werden konnten. Ein Tischlein reihte sich dicht an dicht ans nächste, die Stühle wackelten, die Tische ebenfalls. Grell die Beleuchtung, von Grün keine Spur und statt der Tonkrüge Petflaschen. Im Innern des Lokals hingen große Bildschirme an den Wänden, über die eine Telenovela flimmerte. Der Kellner war ungeduldig. Als ich ihn nicht auf Anhieb mit meiner Bestellung bombardierte, hastete er schon wieder davon. Beim zweiten Anlauf beschloss ich, ihn mit meinem Wunsch nach vielerlei Köstlichkeiten einzudecken, worauf er ein bestimmtes »too much« entgegnete und eigenmächtig meine Bestellung halbierte. Was folgte, hat mich nachhaltig beeindruckt. Saftige Hackfleischspieße auf einem Beet von sämig-kühlem Joghurt, lauwarmes frisches Pita und ofengeröstete Tomaten. So einfach es klingen mag, so gewaltig war es. Dazu gab es eisgekühltes Bier und unbezahlbare Zufriedenheit.

Unterdessen weiß ich es und falle kaum je mehr auf eine miese Küche an bester Lage herein. Mich täuschen auch keine Fang-den-hungrigen-Kunden-Hostessen, die süßer als der flüssige Schokokern ihres Signature-Dish-Desserts um Gäste werben. Und die Belohnung folgt prompt. In einem Ladenlokal, das beengter war als meine Abstellkammer zuhause, gab's erstklassige Dumplings zum Spottpreis. Am Stadtrand des montenegrinischen Podgorica hat es mich in eine Imbissbude mit Spannteppich verschlagen, wo das Tischset zugleich die Menükarte und ein Perlenketten-Vorhang am Eingang die einzige Dekoration war. Ambiance – Fehlanzeige, aber die Ćevapi suchten ihresgleichen. Sogar in der Industriezone im Ländle, in Schaan, kocht im Untergeschoss eines Billard-Zentrums ein dicklicher, herzlicher Koch wahre Meisterstücke. Das sind die Kontraste, die so umwerfend sind.

PITA MIT ZITRONEN-DORSCH, OLIVEN UND MAJORAN

FÜR DEN FISCH

400 g frischer Dorsch, am Stück oder in mehreren Portionen
je 1 rote, gelbe und orange Paprikaschote
4 EL Olivenöl
2 EL Zitronensaft, frisch gepresst
1 TL flüssiger Honig
grobkörniges Meersalz, Pfeffer aus der Mühle
einige Zitronenscheiben
100 g schwarze Oliven, entsteint, halbiert
1 Bund frischer Majoran
1½ TL getrockneter Oregano
ein Schuss Weisswein, nach Wunsch

FÜR DAS GRÜNE TAHINI-DRESSING

4 EL Tahini
80 g Naturjoghurt
1 EL kaltes Wasser
2 EL Olivenöl
½ Bund Basilikum
½ Bund Schnittlauch
½ Bund Petersilie
Saft von ½ Zitrone
2 TL flüssiger Honig
grobkörniges Meersalz, Pfeffer aus der Mühle

ZUM FERTIGSTELLEN

4–8 Pitabrote (je nach Hunger)
ca. 12 Mini-Gurken
einige Salatblätter, z. B. Eichblatt, Lollo oder Eisbergsalat

1 Den Fisch trocken tupfen. Die Paprika halbieren, entkernen und in feine Streifen schneiden. Das Olivenöl mit Zitronensaft, Honig, getrocknetem Oregano, Salz und Pfeffer mischen und Fisch sowie Paprikastreifen damit marinieren.
Die Paprika in eine Auflaufform geben und in der Mitte des auf 180 Grad vorgeheizten Ofens mit Umluft 25 Minuten garen.

2 Nach 25 Minuten den marinierten Fisch mit den Zitronenscheiben belegen und zur Paprika in die Form geben. Wer mag, gibt noch einen Schuss Weisswein dazu. Großzügig mit Majoranblättchen bestreuen und weitere 15 bis 18 Minuten in der Mitte des auf 180 Grad vorgeheizten Ofens garen.

3 Für das Tahini-Dressing alle Zutaten in der Küchenmaschine pürieren. Falls das Dressing zu dickflüssig ist, noch etwas Olivenöl und eventuell 1 Esslöffel kaltes Wasser zugeben.

4 Die Pitabrote mit etwas Wasser bestreichen und im Toaster oder im Ofen wärmen. Die Gurken in Scheiben schneiden, Fisch in mundgerechte Stücke zerteilen. Die Pitabrote mit Fisch, Paprikagemüse, Oliven, Gurken, Salat und Tahini-Dressing füllen.

ANITA BROOKNER LATECOMERS
GRAFTON
Le Livre de Poche
Mario Soldati Les Lettres de Capri
15433
3908
David Payne – Le phare d'un monde flottant
10 18
JAVIER MARÍAS
MAÑANA EN LA BATALLA PIENSA EN MÍ
606 7
CORGI
A SIMPLE PLAN
Scott Smith
PRINCIPE Y MENDIGO
MARK TWAIN
THE NEW PENGUIN SHAKESPEARE HENRY V
World Food
MOROCCO
294

POINTS
Céline Guignol's band I et II
2112
Henriette walter et Bassam Baraké
P1802
Baedeker Morocco
Je ne retrouvé personne
arnaud cathrine
ALBUM TIPI N°18
L 6432 · 18 · 8 F
Daniel Biyaoula
AGONIES

MISSIONARE UND ANDERE DELIKATESSEN

Wer einmal in den USA war, kommt fast nicht umhin, von der »Cheesecake Factory« Notiz zu nehmen. Dieses Restaurant-Imperium ist berühmt – für seinen Cheesecake, das liegt auf der Hand, aber auch für seine »amerikanischen« Portionen. Will heißen: *Go big or go home.* Wenn es nicht alle besser wüssten, Trump würde es als seine Idee verkaufen. Es gibt Burger, Club Sandwiches und Salatteller, groß genug, um in einem französischen Bistro eine ganze Horde werdender Mütter zu verköstigen. Wobei die französischen Mütter in spe diese wahrscheinlich nicht mal mehr als Salat durchgehen lassen würden. Kandierte Pekannüsse, Gorgonzolakrümel, Hähnchenfilets und Avocado sind noch die gesündesten der Zutaten. Aber das Ganze auf jeden Fall *amazing,* wie der Amerikaner zu sagen pflegt.

Ähnlich *amazing* fand ich den Hot Dog mit süßsaurem Gurkenrelish, Senf und Sauerkraut zwischen zwei Innings an einem Baseballspiel irgendwo an der Ostküste. So schmeckt die USA, eingeklemmt zwischen zwei leicht süßlich soften Brötchenhälften. Ja, die Vereinigten Staaten von Amerika sind noch immer ein Fast-Food-Land – aber eben längst nicht nur. In Miami gibt es betörenden Key Lime Pie, in New York die besten Cream Cheese Bagels und Pasta alla Norma, die dem sizilianischen Pendant in nichts nachsteht. Und wer in San Francisco Austern isst, vergisst sogar für einen Abend, dass Donald Präsident ist.

Der amerikanische Schriftsteller Mark Twain, der geistige Vater von Tom Sawyer und Huckleberry Finn, liebte das amerikanische Essen so sehr, dass er in der Ferne Qualen erdulden musste. Twain, der seine Bekanntheit damals seinen Reiseberichten zu verdanken hatte, ist viel herumgekommen. Europa beeindruckte und faszinierte ihn. Wenn ihm nur die lokale Küche nicht dermaßen zu schaffen gemacht hätte. Während einer Reise durch die Alpen, Deutschland und Italien, schreibt er sehnsuchtsvoll von allem, was er so sehr vermisst:

> »Radieschen, Bratäpfel mit Sahne, gebackene Austern, gedünstete Austern, Frösche, (…) Steak, (…) Maisbrei, gekochte Zwiebeln, weiße Rüben, Kürbis, Spargel, Butterbohnen, Süßkartoffeln, grüner Salat, grüne Bohnen, Kartoffelbrei, pikante Soße, Kartoffeln im Schlafrock, neue Kartoffeln ohne Schale, Frühkartoffeln in der Asche geröstet, heiß serviert, (…) Pfirsichtorte, Kürbispastete, Stachelbeeren, die nicht ausgeteilt werden, als seien sie Edelsteine, sondern auf etwas freigebigere Weise, Eiswasser, nicht in dem wirkungslosen Becher zubereitet, sondern in einem ehrlichen tüchtigen Kühlschrank.«
>
> — **MARK TWAIN,** BUMMEL DURCH EUROPA

Seinen Landsleuten empfiehlt Mark Twain gar, die amerikanischen Speisekarten auswendig zu lernen, um sich in einer kulinarisch trostlosen Ferne trösten zu können. So viel Wehmut ob ein paar fehlender Süßkartoffeln. Wobei ich gerade bei den Süßkartoffeln ein gewisses Verständnis aufbringen kann. Auf Süßkartoffeln verzichten zu müssen, kann sich tatsächlich zu einer Krise auswachsen. Während ich bei den Fröschen eher ein Fragezeichen setze. Und dass er den Schweizern keinen anständigen Kartoffelbrei abluchsen konnte, verrät, dass an ihm kein Foodscout verloren gegangen ist. Das können wir doch, Kartoffelstock.

»Bummel durch Europa« ist sicher mit einem Augenzwinkern zu lesen – und der Satiriker Mark Twain läuft zur Höchstform auf:

> »Ausländern schmeckt unser Essen wahrscheinlich ebenso wenig wie uns ihres (…). Ich könnte meinen Speisezettel

bis zur Erschöpfung immer weiter verbessern, und doch würde der Schotte immer noch sagen: Wo ist der im Schafsmagen geschmorte Fleischpudding, und der Fidschi-Insulaner wird seufzen und fragen: Wo ist mein Missionar?«

Nichtsdestotrotz birgt diese Aussage einen wahren Kern. Wir kennen ja die Reisebusse, gefüllt mit Touristen aus Indien, die zuverlässig vor den indischen Restaurants Halt machen. Zwischen Jungfrau und Titlis gibt's Tandoori Chicken im »Mumbai Palace«. Heimisch vertraute Speisen schmecken nicht nur gut und bekannt, sie helfen auch gegen Heimweh. Als kleines Mädchen – ein Heimwehkind durch und durch – hat mich die Sehnsucht nach Zuhause jeweils bereits am ersten Abend heimgesucht. Egal ob im Klassenlager, bei einer Freundin oder bei Verwandten. Bei den Großeltern gab es dann Raclette, weil ich das liebte, kannte und geschmolzener Käse noch tröstender ist als heiße Schokolade.

Das Heimweh hat sich ausgewachsen, die Liebe zum geschmolzenen Käse ist geblieben. In der Fremde brauche ich ihn jedoch nicht. Heute gilt bei mir eher: je fremder, desto aufregender. Was gibt es denn Schöneres, als in einem Labyrinth von dunklen und immer enger werdenden Gassen Bangkoks auf einen Nudelsuppen-Shop zu treffen, der zwar bereits überfüllt ist mit Nachbarn und Familienmitgliedern, aber nie so voll, dass man keine Suppe mehr bekommen würde. Die Chefin der Nudelsuppen, eine alte Frau, weist mit strenger Miene und erhobenem Finger den Weg durch die Masse an den Tresen, der eigentlich kein Tresen, sondern ein Stapel aufgetürmter Kisten ist. Die »Boat Noodles«, so heißt das Gericht, schmecken salzig, herzhaft und gleichzeitig frisch und exotisch. Die Suppe wird mit Hühner- oder Kuhblut angereichert und bekommt so eine dunkle Farbe und einen samtigen Geschmack.

Ab und an denke ich an den »Boat Noodle Shop« zurück, an die strenge Großmutter und ihren Topf mit blutversetzter, vollmundiger Suppe. Oder an die großzügig gepuderzuckerten Éclairs in Bordeaux, die mich aussehen ließen, als sei ich in einen Schneesturm geraten. Oder an die buttrigen Pineapple Buns in Hongkong, die ebenso wenig mit Ananas zu tun haben wie Pommes. Oder an den dickflüssigen persischen Brei mit dem wenig wohlklingenden Namen »Ash e Reshteh«. Heute denke ich in der Ferne nicht mehr an die heimische, sondern zuhause an die fremde Küche. Das ist wohl meine Art von Fernweh.

Um mit weisen Worten von Mark Twain zu schließen:

»Reisen ist fatal für Vorurteile, Bigotterie und Engstirnigkeit.«

GEFÜLLTE SÜSSKARTOFFELN SÜDSTAATEN STYLE

4 große Süßkartoffeln
1 Dose weiße Bohnen (Abtropfgewicht 240 g), abgespült, abgetropft
1 EL Olivenöl
grobkörniges Meersalz, Pfeffer aus der Mühle
1 TL getrockneter Oregano
1 TL getrockneter Thymian
1 Handvoll Pekannüsse, geröstet
1 reife Avocado
150 g Frischkäse
etwas Zitronensaft
4 Eier, pochiert (siehe Seite 55)
1 Handvoll Kresse zum Garnieren

1 Die Süßkartoffeln waschen, mit einer Gabel mehrmals einstechen und im auf 190 Grad vorgeheizten Ofen 30 bis 40 Minuten garen.

2 Die Bohnen mit Olivenöl, Salz, Pfeffer, Oregano und Thymian mischen und in eine kleine Gratinform geben. Für 20 Minuten zu den Süßkartoffeln in den Ofen schieben.

3 Die Pekannüsse in einer Pfanne ohne Fett einige Minuten rösten, bis sie zu duften beginnen.

4 Die Avocado schälen, das Fruchtfleisch mit einer Gabel zerdrücken und mit dem Frischkäse mischen. Mit Salz, Pfeffer und einem Schuss Zitronensaft abschmecken.

5 Die Süßkartoffeln halbieren. Mit der Avocado-Frischkäse-Creme bestreichen und die gerösteten Bohnen daraufgeben. Jeweils ein pochiertes Ei dazusetzen und mit gerösteten Pekannüssen und Kresse garnieren.

KAFFEE MIT KALORIEN

Hanoi. Die Sonne, die in Vietnam besonders stark zu brennen scheint, geht langsam unter. Wir sitzen auf Plastikhockern, die so niedrig und so bunt sind, dass man sie eher im Kindergarten denn in einem Strassencafé vermuten würde. Aber das gehört hierzulande dazu. Genauso der Egg Coffee, den wir genüsslich schlürfen. Was im ersten Augenblick unappetitlich klingt, macht bei der Verkostung jegliche Skepsis vergessen. Beim Egg Coffee wird ein typisch vietnamesischer Filterkaffee mit Kondensmilch und einer Zucker-Ei-Mischung getoppt, die jeden Milchschaum auf Lebzeiten kümmerlich erscheinen lässt. Das Eigelb wird dafür so lange aufgeschlagen, bis es eine samtig weiche, luftige Konsistenz aufweist. Ein Kaffeeerlebnis, das gerade in Zeiten von Cold Brew und Hafermilch Latte erfrischend gehaltvoll daherkommt.

Entstanden ist die Spezialität *Cà phê trứng*, wie sie auf Vietnamesisch heißt, in den vierziger Jahren, als in Vietnam während des Indochina-Krieges die Milch so knapp war, dass ein umtriebiger Tüftler mit Ei zu experimentieren begann. Der Durchbruch kam in den achtziger Jahren, und heute ist Hanoi ohne Egg Coffee kaum mehr denkbar. Der Sohn des Erfinders führt Betrieb und Tradition weiter und betreibt heute erfolgreich das Café Giang, den wohl populärsten Ort, um Egg Coffee zu schlürfen. Konkurrenziert wird er von seiner Schwester, die im Café Dinh einen ähnlich gut besuchten Eierkaffee-Hotspot geschaffen hat.

Wer einmal Egg Coffee kennengelernt hat, kann nicht mehr davon lassen. Heißt, auch in weniger exotischem Umfeld, im nebligen Zürich muss hin und wieder ein Egg Coffee her. Alles was Sie dazu brauchen, ist starker Filterkaffee, süße Kondensmilch, etwas Zucker, ein Ei und eine kräftige Hand oder ein Handrührgerät.

Die süße Kondensmilch lagerte bei uns früher in der Kühlschranktür, neben Senftube und Tomatenmark. Ich wusste schon früh, was für ein Glück sich darin verbarg. Manchmal durfte ich mir ein Teelöffelchen mit Kondensmilch füllen und empfand das immer als die pure Verführung. Wenn ich dann mal groß bin, hatte ich mir damals vorgenommen, kaufe ich mir eine Tube und drücke sie mir gleich, gänzlich unrationiert und selbstverständlich ohne Löffel, direkt in den Mund. Was für eine schöne Vorstellung das war!

Dass ich als Erwachsene die Kondensmilch lieber mit Kaffee und Ei trinken würde, habe ich mir damals nicht vorstellen können. Noch weniger, dass ich ein Kochbuch schreiben und dankbar sein würde um literweise Kaffee, der nicht nur wohltuende, sondern auch anregende und belebende Wirkungen hat. Wenn das Nachmittagstief gnadenlos über mich herfällt und die Ideen ausbleiben, ist Kaffee immer wieder Wohltäter, Sinn- und Anstifter zugleich.

Einer, der während des Schreibens besonders gern auf Kaffee setzte, war kein Geringerer als der französische Schriftsteller Honoré de Balzac. Der emsige Schreiber, ein echtes Arbeitstier – heute würde er wohl als Workaholic bezeichnet –, bekämpfte sein natürliches Schlafbedürfnis mit einem schier unübertrefflichen Kaffeekonsum. Bis zu fünfzig Tassen Kaffee soll er jeden Tag getrunken haben. Für sein Lebenswerk, »Die menschliche Komödie«, müssten das dann mehr als 383 000 Tassen gewesen sein. Eine beeindruckende Zahl, aber es ist ja auch ein beeindruckendes Werk.

Dreitausend Figuren haben in der »Menschlichen Komödie« ihren Auftritt – wer sich das alles ausdenken muss, braucht Kaffee. Klar. Die folgenden French Toasts im Egg Coffee Style sind darum im Gedenken an den großen Dichter und Kaffeetrinker Balzac entstanden. Weil ein Leben ohne Kaffee möglich, aber sinnlos ist. Und ohne Eierkaffee erst recht.

VIETNAMESE EGG COFFEE FRENCH TOAST MIT KARAMELLISIERTEN BANANEN

FÜR DIE FRENCH TOASTS

2 Eigelb
100 g gezuckerte Kondensmilch
1 starker Espresso, oder noch besser, weil sehr vietnamesisch, starker Filterkaffee
4 große Scheiben Zopf
2 EL Butter oder Bratbutter zum Anbraten

FÜR DIE BANANEN

1 EL Butter
2 EL Rohrzucker
2 Bananen, geschält, längs halbiert

ZUM FERTIGSTELLEN

300 g griechischer Joghurt, Skyr oder Sauerrahm
2 Passionsfrüchte
1–2 EL Kokosraspel
1–2 EL Kokoshobel

1 Die Eigelbe schaumig schlagen und mit der Kondensmilch und dem Kaffee in einem tiefen Teller verquirlen. Die Zopfscheiben darin tunken, sodass sie sich vollsaugen.

2 Die Zopfscheiben etwas abtropfen lassen und in Butter von beiden Seiten knusprig braten.

3 In der gleichen Pfanne nochmals etwas Butter schmelzen, den Zucker hinzufügen und die halbierten Bananen auf niedriger bis mittlerer Stufe karamellisieren.

4 Die Kokosraspel in einer separaten Pfanne ohne Fett anrösten.

5 Die Zopfbrotscheiben mit griechischem Joghurt oder Sauerrahm toppen, mit Bananen, Passionsfrucht, Kokosraspeln sowie Kokoshobeln garnieren und am besten warm genießen.

FRÜHLING IN KYOTO, JAPAN

VON WINZIGEN KÜCHEN UND WUCHTIGEN »PIZZEN«

»Der liebste Platz auf dieser Welt ist mir die Küche. Ganz gleich, was sonst geschieht – in einer Küche, an einem Ort, an dem man kochen kann, da geht's mir gut.«

So wird Mikage Sakurai, die Protagonistin in Banana Yoshimotos Roman »Kitchen«, eingeführt. Was für eine sympathische Person muss das sein! Ich freue mich über so viel lukullische Bejahung und bin zugleich auch betroffen. Denn Mikage muss den Verlust ihrer Großmutter, des einzigen verbleibenden Familienmitglieds, verkraften. Dabei spenden ihr die Küche und gutes Essen Trost und Geborgenheit.

»Wenn diese Küche auch noch praktisch ist und alles darin seinen Platz hat, wenn überall saubere Tücher hängen und die weißen Fliesen funkeln und blitzen, dann ist's perfekt. Doch auch für wahnsinnig schmuddelige Küchen kann ich mich begeistern. Für Küchen etwa, deren Boden mit Gemüseresten übersät ist und so schmutzig, dass die Sohlen meiner Schlappen schwarz werden, und deren Boden eine Riesenfläche hat; so was finde ich toll. Vielleicht ragt darin ein riesiger Kühlschrank auf, vollgestopft mit Lebensmitteln, so vielen, dass man leicht über den ganzen Winter kommt.«

Beim Lesen dieser Zeilen bekomme ich Gänsehaut. Bestimmt, weil auch mich vollgestopfte Kühlschränke auf sonderbare Weise beglücken. Das Wissen um die zwei Dutzend Möglichkeiten dessen, was sich aus dem erbeuteten Vorrat alles zaubern lässt, vermittelt ein ungemein beruhigendes Gefühl. Gänsehaut aber auch, weil die Küche für Mikage so viel mehr ist, als nur der Ort guten Essens.

> »Übrig geblieben bin dann ich und die Küche. Ein tröstlicher Gedanke, wenn ich mir vorstelle, nur ich alleine wäre noch da. Manchmal, wenn ich total am Ende bin, denke ich mir: Wenn ich einmal sterben muss, dann will ich meinen letzten Atemzug in einer Küche tun. Ganz gleich, ob ich allein bin und es kalt ist, ob jemand bei mir sitzt und es warm ist: Furchtlos will ich da den Dingen entgegensehen. Wenn es nur in einer Küche wäre, denke ich – wie schön!«

Ich hatte immer ein Bild von Mikage im Kopf, auf weißen Fliesen auf dem Boden sitzend, angelehnt an die Kühlschranktür, daneben ein schickes offenes Regal mit ausziehbaren Schubladen, prall gefüllt mit Auberginen, Kohl und überhängendem Grün von Karotten. Natürlich steht irgendwo ein Reiskocher, und an der Wand hängt eine Leiste mit einer beeindruckenden Auswahl an großen japanischen Messern. Dieses Bild wurde nicht vollkommen erschüttert, aber doch ziemlich zurechtgerückt, als ich selbst in Japan war. In japanischen Metropolen ist der Platz derart knapp, dass die meisten Küchen winzig klein sind, so winzig, dass Messer, Reiskocher und Grünzeug auf engstem Raum übereinanderstapelt werden und klar wird, dass die viel bewunderte japanische Kunst der Ordnung keinem modischen Trend zum Minimalismus entspringt, sondern simple Überlebensstrategie ist. Doch auch winzige Küchen haben eine große Bedeutung im Leben der Japaner. Das Essen und das Zubereiten von Speisen genießen in der japanischen Kultur einen hohen Stellenwert.

In Japan habe ich zudem gelernt, dass Banana Yoshimoto tatsächlich eine Kultautorin, der japanische Knigge nichts für Einsteiger und Sushi längst nicht das Beste ist, was Japan zu bieten hat. Doch eines nach dem anderen. Zum Ersten: Yoshimoto ist in Japan Kult, ihre Bücher verkauften sich millionenfach, ein bedeutender Literaturpreis und die Verfilmung des Stoffes folgten. Zum Zweiten ist der Knigge im Land der Sumo-Ringer und Kirschblüten tatsächlich nicht zu unterschätzen. Was wir hierzulande haben, ist im Gegensatz dazu ein Badespaß. In Japan, so scheint es, ist sogar der Regelverstoß reglementiert. Ein Abend voller Sake, Pflaumenwein und Bier im Kreis der Geschäftspartner gehört zum guten Ton, das regelmäßige Trinken ist geradezu ritualisiert. Da kommt es auch mal vor, dass der torkelnde Chef seinen Abend im Blumenbeet vor der Bar beendet. So gesehen in Fukuoka, wo eine johlende Gruppe elegant gekleideter Japaner etwas weniger elegant aus der Bar wankte und einer von ihnen, schwer wie ein toter Thunfisch und ohne den Versuch, das Gleichgewicht zu halten, kopfüber ins Blumenbeet kippte. Am nächsten Morgen werden sie dann alle wieder in dunklem Anzug und hellem Hemd (alles andere ist schlecht fürs Geschäft), vornehm schweigend, aufrecht sitzend und zurückhaltend höflich in der U-Bahn sitzen und zur Arbeit fahren. Und schließlich zum Dritten – allen Sushi-Verrückten wird das Reiskorn im Hals stecken bleiben –, aber ja, Sushi ist nicht das Beste, was Japan zu bieten hat. Bei Weitem nicht.

Es mag etwas unkultiviert anmuten, aber ich ziehe Okonomiyaki jedem Sushi vor. Okonomiyaki hört sich vielleicht umständlich an, ist aber ein ehrliches, nahrhaftes Wohlfühlessen. Es besteht aus hemmungslos viel Kohl, der auf einer heißen Eisenplatte in der Art eines Pfannkuchens angebraten und mit weiterem Gemüse, Fisch, Fleisch und Käse angereichert wird. Getoppt wird das Ganze dann mit einer speziellen, eigens dafür kreierten Okonomiyaki-Sauce, großzügig Mayonnaise und getrockneten Bonitoflocken. Ich habe schon Dutzende Streetfood Markets abgeklappert, stets auf der Suche nach authentischem Okonomiyaki. Als ich in Hiroshima, dem Geburtsort dieses Traditionsgerichts, diese japanische »Pizza«, die eigentlich überhaupt nichts mit Pizza am Hut hat, aß, war ich verzaubert. Würzig wie Ramen, voller Umami und reich an verschiedenen Texturen – Okonomiyaki ist noch viel besser, als ich es mir in den gefräßigsten Träumen vorgestellt hatte.

OKONOMIYAKI

FÜR DAS OKONOMIYAKI

400 g Weißkohl
100 g Karotten
100 g Sojasprossen
240 g Mehl
2 TL Backpulver
2 – 3 TL Kochsalz
2 TL Dashi (japanischer Fischsud)
6 Eier
300 ml Wasser
Öl zum Braten

FÜR DIE OKONOMIYAKI-SAUCE

5 EL Ketchup
2 EL Worcestershiresauce
2 EL Sojasauce
2 TL Honig
2 TL Mirin (süßer Reiswein)

ZUM FERTIGSTELLEN

4 Eier für Spiegeleier
Mayonnaise
Zwiebel-Pickles (siehe Basics)
schwarzer Sesam
2 Frühlingszwiebeln, in feine Streifen geschnitten

1 Den Kohl fein hacken oder mit einem Gemüsehobel fein hobeln. Die Karotten raspeln oder in feine Streifen hobeln.

2 Für den Teig Mehl, Backpulver, Salz, Dashi, Eier und Wasser mit einem Schneebesen gut verrühren. Kohl, Karotten und Sojasprossen untermischen.

3 Öl in einer Pfanne erhitzen, 2 Schöpflöffel Teig in die Pfanne geben und auf mittlerer Stufe anbraten. Nach 5 bis 8 Minuten wenden und auf der anderen Seite weitere 5 bis 8 Minuten braten. Die fertig gebackenen Okonomiyaki warm stellen. So weiterfahren bis der gesamte Teig aufgebraucht ist.

4 Für die Sauce alle Zutaten gut verrühren.

5 In einer Pfanne 4 Eier wie für Spiegeleier anbraten, dabei aber das Eigelb aufstechen und Eigelb und Eiweiß vermischen. Auf jedes Spiegelei ein Okonomiyaki geben, mit Mayonnaise und der Okonomiyaki-Sauce garnieren. Mit gepickelten Zwiebeln, Sesam und Frühlingszwiebeln toppen.

TIPP Dashi und Mirin gibt es in jedem asiatischen Lebensmittelladen.

SCHOKO DE SADE

Im Gefängnis gibt es zwar nicht nur Wasser und Brot, die Auswahl dürfte aber dennoch bescheiden bleiben. Es kommt auf den Tisch, was die Gefängnisküche vorgesehen hat. Extrawünsche bleiben da auf der Strecke oder eben jenen in Freiheit vorbehalten. Bei Marquis de Sade verhielt sich das etwas anders. Der Schriftsteller, der mit pornografischen, kirchenfeindlichen und philosophischen Schriften Berühmtheit erlangte und wegen Ersteren auch im Gefängnis saß, genoss durchaus eine gewisse Sonderbehandlung. Regelmäßig hat er »Fresspakete« erhalten. Also das, was überfürsorgliche Mütter ihren Söhnen ins Klassenlager und später in den Militärdienst senden. Renée, die Frau de Sades, durfte die Kalorien-Kiste aber nicht nach Belieben zusammenstellen. Die Forderungen ihres Gatten waren unmissverständlich.

So verlangt er in einem Brief von ihr:

> »Vier Dutzend Meringues, zwei Dutzend Biskuitkuchen (große), vier Dutzend Schokopralinen, verziert, und nicht den infamen Mist, den du mir in Form von Süßigkeiten das letzte Mal geschickt hast.«

> »Wenn du mir das nächste Mal ein Paket schickst, lass dir von einer vertrauenswürdigen Person versichern, dass auch wirklich Schokolade drin ist.«

Und wenn seine Frau seinen Auftrag nur mangelhaft ausführte, bekam sie das unverzüglich zu hören:

> »Der Biskuitkuchen ist gar nicht nach meinem Geschmack. Ich wollte Schokolade darin, und davon hat es nicht die leiseste Spur.«

Marquise de Sade hat offensichtlich Ansprüche. Die Schokolade tut es ihm gleich. Auch sie ist nicht eben einfach. Schnell ist es ihr zu heiß, dann schmilzt sie. Oder es ist ihr zu kalt, dann schmeckt sie nach wenig. Isst man zu viel davon, steigen die Pfunde, isst man zu wenig, sinkt das Serotonin. Mit der Schokolade, einem würdigen Vertreter der Kategorie Genussmittel, gilt es einen angemessenen Umgang zu finden. Das zumindest predigen seit jeher alle Eltern ihren Sprösslingen. Und auch diese Leier hat ihre Ursprünge in der Geschichte. Als die heiße Schokolade im 17. Jahrhundert nach Europa kam, war sie hier ihres hohen Nährwertes wegen als fastenwidriges Getränk bald einmal verschrien. Zum Glück gab es den berühmten spanischen Kasuisten Antonio Escobar y Mendoza, der sich gegen die kirchlichen Vorbehalte stellte und den Grundsatz *Liquidum non frangit jejunum*, also »Flüssiges bricht das Fasten nicht«, auch auf die Trinkschokolade anwendete. Die heiße Schokolade geht übrigens auf das aztekische *chocolatl* zurück, das Kakaowasser der Azteken, das mit der heutigen heißen Schokolade nicht viel gemein hatte. Der aztekische Trank war scharf und bitter und schmeckte nach Paprika. Erst als die Paprikawürze gegen Zucker ausgetauscht wurde, setzte die Brühe zum Eroberungssturm an.

In einer erlauchten Runde gestehe ich, schwarze Schokolade nicht besonders zu mögen. Je höher der Kakaoanteil, desto zurückhaltender werde ich. Ich bevorzuge die weiße Variante oder eine mit Milchfüllung, die in meinen Kindheitstagen noch als gesund verkauft wurde. Ein Schlag ins Gesicht eines jeden Connaisseurs. Ein Coming-out in einer erzkonservativen katholischen Familie im hintersten Zipfel Siziliens muss sich ähnlich anfühlen. Wie dem auch sei, dass Schokolade über Gefängnis-Tristesse hinweghelfen kann, glaubt man gern.

BAKLAVA MIT WEISSER SCHOKOLADE UND PISTAZIEN

Für eine Back- oder Auflaufform
von etwa 30 cm Länge

50 g Haselnüsse, geröstet
100 g Walnüsse, geröstet
150 g Pistazien, geröstet, ungesalzen
300 g weiße Schokolade,
im Kühlschrank vorgekühlt
1 TL gemahlener Zimt
3 Prisen Salz
150–170 g Butter
12 Blätter Filo- oder Yufkateig
(gibt's im Türkenladen, aber auch
in gut sortierten Supermärkten)
einige Pistazien für die Garnitur,
geröstet und fein gehackt

FÜR DEN SIRUP

500 ml Wasser
10 EL Honig
250 g Zucker
1 Zimtstange
1½ EL Rosenwasser

Türkischer Joghurt oder Frozen Joghurt
zum Servieren, nach Wunsch

1 Für den Sirup alle Zutaten in eine kleine Pfanne geben und aufkochen, dann bei geringer Hitze 10 bis 15 Minuten einköcheln lassen. Es sollte ein dickflüssiger Sirup entstehen.

2 Für die Füllung Haselnüsse, Walnüsse und Pistazien in einer beschichteten Pfanne ohne Fett rösten, bis sie zu duften beginnen. Die Nüsse in der Küchenmaschine (Blitzhacker) kleiner als kieselsteingroß hacken. Die Nüsse in eine Schüssel geben.

3 Die (idealerweise kühlschrankkalte) Schokolade in der Küchenmaschine zerkleinern. Zu den Nüssen in die Schüssel geben und alles mit Zimt und 2 Prisen Salz mischen.

4 Die Butter in einem Pfännchen oder in der Mikrowelle schmelzen. Das erste Filoteigblatt in die gut eingefettete Backform geben und dünn mit Butter bestreichen. Fünf weitere Filoteigblätter darauf schichten und jedes Teigblatt immer dünn mit Butter bestreichen. Die Teigblätter hängen über den Rand der Backform; das soll so sein. Die restlichen Teigblätter während des Arbeitens in ein feuchtes Geschirrtuch wickeln, das bewahrt sie vor dem Austrocknen.

5 Die Hälfte der Schoko-Nuss-Mischung darauf verteilen. Die weiteren Filoteigblätter halbieren, sodass die Blätter exakt in die Backform passen, ohne über den Rand zu hängen. Vier der halbierten Filoteigblätter auf die Schoko-Nuss-Mischung geben und jedes Teigblatt mit Butter bestreichen. Dann die restliche Schoko-Nuss-Mischung auf dem Teig verteilen und mit den verbleibenden Filoteigblättern abschließen, dabei jedes wiederum mit flüssiger Butter bestreichen. Die überhängenden Teigblätter mit einem scharfen Messer abtrennen. Die Baklava 30 Minuten bei Raumtemperatur stehen lassen.

6 Den Ofen auf 170 Grad Umluft vorheizen.

7 Die Baklava mit einem scharfen Messer in Quadrate schneiden und diese dann halbieren, sodass Dreiecke entstehen. Vorsichtig arbeiten, damit die Teigblätter nicht reißen. (Aus diesem Grund auch beim Bestreichen nicht mit Butter sparen; so ist der Teig elastischer und lässt sich gut schneiden.)

8 Die Baklava etwa 20 Minuten in der Mitte des vorgeheizten Ofens backen. Dann die Ofentemperatur auf auf 150 Grad reduzieren und weitere 40 Minuten fertig backen. Aus dem Ofen nehmen, mit gehackten Pistazien garnieren und mit dem Sirup beträufeln. Sobald die Baklava nicht mehr heiß ist, für 3 bis 4 Stunden in den Kühlschrank stellen.

Mit türkischem Joghurt oder einer Kugel Frozen Yoghurt oder Fior di Latte genießen.

TIPP Türkischer Joghurt ist wie der griechische fetthaltiger, somit sämiger und reichhaltiger als normaler Naturjoghurt. Er ist in jedem türkischen Lebensmittelladen erhältlich.

Filo- und Yufkateig gibt's in jedem türkischen Lebensmittelladen, unterdessen auch beim Großverteiler.

6172
Fontane Effi Briest 6961
Brentano Gockel und Hinkel 450
Schiller Kabale und Liebe 33
Andersch Fahrerflucht Ein Liebhaber des Halbschattens 9892
Keller Romeo und Julia auf dem Dorfe 6172
Schiller Die Räuber 15
Lessing Miß Sara Sampson 16
Hauptmann Bahnwärter Thiel 6617
Hoffmann Das Majorat 32
Schnitzler Sterben 18429
Keller Romeo und Julia auf dem Dorfe 6172
Schnitzler Fräulein Else 18155
Fouqué Undine 491
Goethe Faust I 1
Eichendorff Aus dem Leben eines Taugenichts 2354
Platon Apologie – Kriton 895
Goethe Götz von Berlichingen 71
Sachs Meistergesänge – Fastnachtsspiele – Schwänke 7627
Lessing Nathan der Weise 3
Goethe Faust I 1
Gide Die Pastoral-Symphonie 8051
Hauptmann Bahnwärter Thiel 6617
Keller Kleider machen Leute 7470
Lessing Minna von Barnhelm 10
Goethe Faust I 1/1a
Andres Die Vermummten 7703/04
Platon Phaidon 918/19
Gotthelf Die schwarze Spinne 6489
Kleist Die Marquise von O… Das Erdbeben in Chili 8002
Ebner-Eschenbach Das Gemeindekind 8056
Wedekind Frühlings Erwachen 7951
Keller Kleider machen Leute 7470
Ibsen Ein Volksfeind 1702
Meyer Gustav Adolfs Page 6945
Shakespeare Julius Cäsar 9
Büchner Woyzeck Leonce und Lena 7733
Hebbel Maria Magdalena 3173
Ibsen Die Wildente 2317
Ibsen Nora (Ein Puppenheim) 1257
45

ZWEI DICHTERFÜRSTEN UND EINE SCHWÄCHE FÜR QUITTEN

Keine Ahnung, wieso man diese edlen Früchte stets in Konfitürengläser zwingt. Sie sind vornehm, schmecken umwerfend, und da sich das Gerücht ihrer widerspenstigen Verarbeitung hartnäckig hält, signalisieren sie auch immer, dass Sie sich dafür reichlich ins Zeug gelegt haben. Kein Wunder, galt das Schenken von Quittensüßigkeiten in England früher als Zeichen einer ernsthaften Heiratsabsicht. Wer diese Früchte vom Baum holt, ihren fasrigen Pelz abreibt, sie wäscht und mit voller Weibeskraft in Viertel sägt, sie in Zuckersirup einkocht und ihren Saft durch ein Tuch abseiht, um daraus Gelee zu machen – ja, dem muss man wirklich lieb und teuer sein.

Der große Goethe verehrte Quittengelee und das Quittenbrot seiner Mutter so sehr, dass sie ihm diese regelmäßig päckchenweise nach Weimar senden musste. Auch die Mutter von Friedrich Schiller muss ein bestechendes Rezept für Quittenbrot gehabt haben, denn ihr Sohn bekannte sich ebenfalls zu seiner Schwäche für diese Süßigkeit. Quittenbrot ist quasi eingekochtes Quittengelee, das nach dem Festwerden in Rauten geschnitten wird. Quitten müssen also was ganz Besonderes sein – zwei Dichterfürsten können kaum irren.

So anstrengend ist das Verarbeiten von Quitten gar nicht. Wer ab und an seine Beine mit Heißwachs samtweich quält, für den ist Quittenkochen ein Waldspaziergang. Dazu kommt, dass die gängigste Variante der Verarbeitung, das Geleekochen, auch die aufwendigste ist. Dabei kommt leichtes Unbehagen auf, wenn ich die Dichterfürsten belehre, dass Quittengelee zwar durchaus genießbar, aber nicht das Genussvollste ist, was sich aus der Frucht zaubern lässt.

Goethe und Schiller würden mir heute vielleicht vorwerfen, dass ich ihr Quittengelee einfach zu wenig »instagramable« gefunden hätte. Oder dass ich kein zweihundert Jahre altes Rezept in meinem Buch wollte. Dem ist natürlich nicht so. Denn die Inspiration für meinen Quitten-Crumble ist noch weitaus älter. Donna Hay und Jamie Oliver waren noch in weiter Ferne, unvorstellbar, dass Köche einst Pin-up-Qualitäten haben könnten. Ich rede von Frauen wie Anna Wecker, Wiborada Zili und Sabina Welser, die in einer Zeit gekocht und gewirkt haben, in der es weder TV-Kochsendungen noch Kochbücher als Massenware gegeben hat. Während meines Studiums habe ich in einem Linguistik-Seminar zu Kochbüchern aus dem späten Mittelalter Bekanntschaft mit diesen Damen gemacht. Dabei ging es natürlich nicht um ihre Rezepte, sondern um Sprachvariation, Phonemik und dialektale Besonderheiten. So zumindest die Anforderung. Ich kann aber nicht leugnen, dass mich die »Quiten Turten« oder »Biren Turtten« mit »Zimet« und »Muscatell« nicht weniger faszinierten als alle Dipthongierungen zusammen. Und dass es sich bei dieser Köstlichkeit um eine Birnentorte mit Zimt und Muskat handelt, verstehen Sie wahrscheinlich, auch ohne die Pro- und Enklisen im Rezept benennen zu können. Wenn Sie Nigella Lawson kennen, sollte Ihnen meiner Meinung nach auch Anna Wecker keine Unbekannte bleiben. Ihr »Ein Köstlich new Kochbuch« ist das erste von einer Frau geschriebene gedruckte Kochbuch in deutscher Sprache. Vierhundert Jahre alte Rezepte sind natürlich etwas anders verfasst, als wir es heute kennen. So lauten die Anweisungen etwa: »backen, bis es gut ist«, »back es schön« oder »nimm Quitten so viel du willst«.

Auffallend oft werden in mittelalterlichen Kochbüchern Quitten verwendet. Daraus werden Kuchen, gefüllte Quitten oder Latwerge, ein Mus ähnlich einem Quittengelee, hergestellt. Da würden sich die Dichterfürsten wieder freuen. Eines dieser Kuchenrezepte habe ich selbst ausprobiert, so gut es eben mit diesen anarchistischen Mengen- und Zeitangaben ging. Geradezu rebellisch fühle ich mich, wenn ich den Zucker nach bloßem Gutdünken einrieseln lasse, bemächtigt, zu stoppen, wann immer ich will. Beschwingt durch so viel Freiheit, habe ich das Rezept dann noch aufgepimpt, angereichert und modernisiert. Und was dabei herausgekommen ist, teile ich hier noch so gerne mit Ihnen. Sie merken sich dabei einfach Anna Wecker oder Wiborada Zili.

QUITTEN-PEKAN-CRUMBLE

FÜR DEN CRUMBLE

60 g Pekannüsse
40 g Walnüsse
70 g Vollkornmehl
1 EL Haferflocken
70 g Rohrzucker
1 TL gemahlener Zimt
2 Prisen Salz
80 g kalte Butter

FÜR DIE FÜLLUNG

600 g Quitten
1 Zitrone, Saft
2 EL flüssiger Honig

Sauerrahm- oder Fior-di-Latte-Eis zum Servieren, nach Wunsch
Schlagrahm zum Servieren, nach Wunsch

1 Die Pekannüsse und die Walnüsse im Mörser etwas zerkleinern oder grob hacken. Mehl, Haferflocken, Nüsse, Zucker, Zimt und Salz mischen. Die kalte Butter in kleine Würfelchen schneiden oder an der Käsereibe hobeln. Zur Nuss-Mehl-Mischung geben und zwischen den Fingern verreiben, bis eine reibkäseähnliche Mischung entstanden ist. Fest zusammenfügen und in Klarsichtfolie gewickelt 25 Minuten kühl stellen.

2 Die Quitten abreiben, waschen, schälen und in kleine Würfelchen schneiden. Mit Zitronensaft und Honig mischen. Die Quittenwürfel in eine Auflaufform geben. Die Streusel über die Quitten krümeln.

3 Den Crumble in der Mitte des auf 170 Grad vorgeheizten Ofens 30 bis 40 Minuten backen.

Mit Eis, Sauerrahm, Schlagrahm oder einfach nur griechischem Joghurt servieren.

TIPP Im Sommer machen sich auch Aprikosen oder Heidelbeeren bestens im Crumble.

SARMA SIND IHR BUSINESS: TANTE NADA AKA TETKA NADA

SLAVA, SARMA UND SIRKO

In Milchsäure vergorener Krautkopf. Das klingt nicht nach Foodporn, sondern nach Sauerkraut. Meine Großeltern bewahrten ihr hausgemachtes saures Kraut in einem großen Fass im Keller auf, da konnte es ungestört vor sich hin gären. Mein Großvater, ein Norddeutscher, hat schon auf Sauerkraut geschworen, bevor es in trendigen Fermentier-Shops zu einem zweiten Frühling ansetzte. Sauerkraut, lange als langweilige Hausmannskost abgestempelt, avancierte quasi über Nacht zum Sauerkult. In Zeiten von Superfood und Co. ist das möglich. Tüchtig mitgeholfen hat wohl auch das koreanische Kimchi, das sich rot und scharf überall da präsentiert, wo Hipster speisen.

Vielleicht war es aber auch ganz anders, und weder Kimchi noch die Superfood-Ära haben dem vergorenen Kohl zum Erfolg verholfen, sondern die lesbische Köchin Denise aus Jonathan Franzens Roman »Die Korrekturen«. Denise will New York nämlich für Sauerkraut gewinnen. Ihre Zielgruppe? Figur- und gesundheitsbewusste Frauen aus der Upperclass. Sauerkraut ist kalorienarm, vitaminreich und krebshemmend – sollte also passen wie Louboutins.

»Die kulinarische Herausforderung lag darin, zierlichen 36er-Größen mitteleuropäische Herzhaftigkeit schmackhaft zu machen. All die Titan-Kreditkarten-Besitzerinnen wollten keine dicken wagnerianischen Sauerbratenscheiben, keine handballgroßen Semmelknödel und keine alpinen Schlagsahneberge. Vielleicht aber würden sie Sauerkraut essen.

Wenn das kein Gericht für Mädels mit Zahnstocherbeinen war: fettarm und geschmacksintensiv und vielseitig, bereit, mit Schwein, mit Gans, mit Huhn, mit Kastanien ins Bett zu hüpfen, bereit, den Sprung ins Ungewisse mit Makrelen-Sashimi oder geräuchertem Blaufisch zu wagen ...«

– **JONATHAN FRANZEN,** DIE KORREKTUREN

Wenn Sie mich fragen, sollte der vergorene Kohl vorzugsweise mit Schwein ins Bett hüpfen, etwas Reis mit dazunehmen, um sich dann liebevoll gierig um Schwein und Reis zu schmiegen. Sie ahnen es, mein unangefochtener Favorit, wenn es um Sauerkraut geht, sind Krautwickel, oder eben »Sarma«. Aber nicht irgendwelche, sondern jene von Tetka Nada. Tetka Nada ist die serbische Tante meiner Freundin Suzanna, und sie macht Sarma, die der Bezeichnung Superfood eine vollkommen neue Bedeutung einhauchen. Nun gut, die zierlichen 36er-Größen aus Manhattan hätten sich das vermutlich etwas anders gewünscht, aber kein Makrelen-Sashimi kommt je an das heran, was Schwein und Kohl hier veranstalten. Ich hatte das Glück, an einer »Slava« Tetka Nadas Kohlwickel zu essen beziehungsweise mich daran zu überessen. Sarma sind in Serbien ein beliebtes Festtagsgericht und so auch fester Bestandteil einer Slava. Die Slava ist ein wichtiger serbisch-orthodoxer Feiertag, bei dem jede Familie ihren persönlichen Schutzheiligen feiert. Der Pfarrer kommt ins Haus und segnet das eigens dafür kreierte Slava-Brot, spricht Wünsche und Segnungen aus und trinkt mit dem Familienoberhaupt noch ein Gläschen Wein. Alle Kirchentreuen mal schnell weghören: Noch viel wichtiger als die Gebete scheinen mir die Genüsse, unter denen sich die Tische biegen: Unmengen von Sarma und Spanferkel, Schinken und Speck, Ćevapi und Wein. Im Hause Sirko, wo ich meine erste Slava erleben durfte, ist alles hausgemacht. Vom Schinken über den Wein bis hin zum Kaffee. Ich bin beeindruckt.

Der junge Mann, der mir gegenübersitzt, kippt hin und wieder Wasser in sein Rotweinglas. Sein Englisch ist ausreichend, um mir zu erklären, dass dies die einzige Strategie sei, diese Tage voller Essgelage zu überstehen. Mein Weinglas bleibt nie unbeaufsichtigt. Sobald das Glas nicht mehr randvoll gefüllt ist, wird nachgeschenkt.

Dies auf Anordnung der Hausherrin und Sarma-Flüsterin. Sie macht es nicht selbst, dafür hat sie Nichten und Neffen, Enkel und Söhne.

Später finde ich mich mit den Frauen der Familie auf der Veranda wieder, wo sie mir mit vereinten Kräften alles über Sarma beizubringen versuchen. Kohlblätter abspülen, Speck verwenden, eine Zaprška zubereiten. Diese fetthaltige Sauce aus Mehl, Öl und Paprikapulver komme auf dem ganzen Balkan immer dann zum Einsatz, wenn es eine Sauce braucht. Die zweite Allzweckwaffe aus dem Balkan: Mononatriumglutamat, besser bekannt als »Vegeta«. Auch das fester Bestandteil einer Sarma-Füllung. »Vegeta« ist das, was die Länder des ehemaligen Jugoslawien noch heute eint. Der Geschmacksverstärker ist der kleinste gemeinsame Nenner, den sich Serben mit Kosovaren, Kroaten mit Bosniern teilen. Gleich dahinter kommt die Vorliebe für Mercedes.

Wer den Mund nicht gerade voll hat mit Sarma oder Spanferkel, der raucht. In Belgrad gehören die rauchenden Menschen zum Stadtbild wie die kommunistischen Wohnblöcke, die als graue Betonkolosse in den Himmel ragen. Im Ausnahmefall markiert in einem Restaurant ein Nichtraucher-Schildchen das Rauchverbot. Das zumindest so lange, bis der erste Gast seine Zigaretten aus der Tasche holt. Dann nämlich wird das Verbotsschild kurzerhand durch einen Aschenbecher ersetzt. Hier am Familientisch gibt es von Beginn weg Aschenbecher, zum Qualmen an die frische Luft gehen höchstens Touristen.

Mich ziehen keine Zigaretten, sondern das bessere Licht zum Fotografieren vor die Tür. Mit einer Schüssel voll Sarma versuche ich mit einem Freund, die Krautwickel vor dem genüsslichen Verzehr noch ins rechte Licht zu rücken. Die Familienmitglieder in der Stube sind erst etwas verdutzt darüber, dass wir, anstatt zuzuschlagen erst fotografieren, dann aber doch sichtlich stolz, dass uns ihre Krautwickel derart in Entzücken versetzen. Tatsächlich noch viel entzückender als ihr Aussehen ist übrigens ihr Geschmack. Saftig, vollmundig, herzhaft – und ganz nebenbei verstehe ich ihre Vorliebe für Zaprška nun genauso gut wie jene für »Vegeta«.

SARMA

FÜR DIE FÜLLUNG

1 Zwiebel
2 Knoblauchzehen
2 Karotten
700 g Hackfleisch, gemischt Rind und Schwein
Rapsöl oder Butter
100 g Langkornreis
1 TL Paprikapulver, edelsüß
1 TL Vegeta
Pfeffer aus der Mühle
1 Bund Petersilie, gehackt
1 Ei

1 Sauerkrautkopf (Varaždinski-Sauerkraut oder Sarma-Kraut, siehe Tipp)
2 EL Rapsöl oder Butter
100 g Bratspeck, in Stücke geschnitten
1 Lorbeerblatt
grobkörniges Meersalz, Pfeffer aus der Mühle
1 TL Zucker

FÜR DIE ZAPRŠKA-SAUCE

4 EL Rapsöl
2 EL Mehl
2 TL Paprikapulver, edelsüß

1 Für die Füllung Zwiebel und Knoblauch fein hacken, die Karotten grob reiben. Zwiebel, Knoblauch, Karotte und Hackfleisch in Rapsöl oder Butter anbraten, den Reis beifügen und kurz mitbraten. Mit Paprikapulver, Vegeta und Pfeffer würzen. Etwas auskühlen lassen, dann das Ei und die geahckte Petersilie darunterrühren.

2 Vom Sauerkrautkopf vorsichtig die Blätter abtrennen. Bei allen Blättern das Strunkstück herausschneiden, sehr große Blätter halbieren. Auf jedes Blatt 2 Esslöffel Füllung setzen, eine Seite einschlagen, von unten her aufrollen und das lose Blattteil in die fertige Rolle drücken. So weiterfahren, bis die ganze Füllung aufgebraucht ist.

3 Rapsöl in einem großen Topf erhitzen. Die Wickel dicht in den Topf schichten, zwischen jede Schicht Bratspeck geben.

4 So viel Wasser in den Topf geben, dass die Wickel bedeckt sind. Lorbeerblatt und Zucker beifügen. Aufkochen und bei kleiner Hitze ungefähr 1–2 Stunden köcheln lassen. Am Ende der Kochzeit die Flüssigkeit abschmecken und mit Salz und Pfeffer würzen.

5 Für die Zapřska-Sauce Rapsöl in einer Pfanne erhitzen, das Mehl andünsten, das Paprikapulver zugeben und kurz köcheln lassen. Die Zapřska großzügig über die Sarma geben.

TIPP Varaždinski-Sauerkraut oder Sarma-Kraut sind ganze Kohlköpfe, die sauer eingelegt werden und so fermentieren. Sie finden diese vakuumverpackt in türkischen oder Balkan-Lebensmittelläden und mittlerweile auch in gut sortierten Supermärkten.

SEHNSUCHTS-TOAST

Erdnussbutter – Inbegriff der großen weiten Welt, Sinnbild von Hollywood, vom guten Leben im Land der unbeschränkten Möglichkeiten. In all den Serien und Filmen meiner Kindheit gab es immer diese eine Szene: Eine vergnügte Mutter streicht ihren Kids liebevoll Pausenbrote. Zwischen zwei große Scheiben Toast kommt eine unbescheiden dicke Schicht Erdnussbutter. Als wäre das nicht schon genug, folgt eine generöse Portion Konfitüre. Meist Heidel- oder Himbeere, damit der beerenfarbene Kontrast zur Erdnussbutter besonders appetitanregend über den Bildschirm flimmert. Das süß-salzige Sandwich wird dann von der fürsorglichen Mutter achtsam in eine Lunchbox verpackt und irgendwann später im Film, vielleicht zwischen Cheerleading und Shoppingmall, genüsslich verschlungen. Erdnussbutter und Konfitüre – die Vorstellung dieser Kombination war abscheulich und gleichzeitig Ausdruck von Freiheit und Superlativen, von Kindern, die sich nicht entscheiden müssen, sondern die die Fülle des Lebens zwischen ihren Toastbrotscheiben zelebrieren. Ich habe diese Kids immer um ihre Erdnussbutter-Sandwiches beneidet, auch wenn ich gar nicht wusste, was mir da entgeht. Bis ich selbst das erste Mal Erdnussbutter gekostet habe, wohnte ich mindestens drei Dutzend Peanutbutter-und-Jam-Mahlzeiten im Film bei. Erdnussbutter hatte für mich auf diese Weise viele Jahre eine geheimnisvolle Exotik, eine Aura der »fetten Jahre« und eines Lebens voller Abschlussbälle und Highways.

Dieser exotische Charme ist passé oder der Globalisierung zum Opfer gefallen; unterdessen gibt es Erdnussbutter in jedem auch nur dürftig sortierten Tante-Emma-Laden. Von bio über crunchy bis hin zu cremig ist alles zu haben. Natürlich sind längst nicht alle der Erdnussbutter so unkritisch ergeben wie ich. Doch ich bin in guter Gesellschaft, wenn ich liebestrunken der Erdnussbutter meine Zuneigung zolle. Unter den Anhängern tummeln sich viele bekannte Namen. Einer der vehementesten Fürsprecher der Peanutbutter war Elvis Presley. Der King of Rock 'n' Roll war dem süß-salzigen Aufstrich regelrecht verfallen. Sein angeblich liebster Snack – ein Sandwich mit Peanutbutter, Banane und Bacon – wurde gar nach ihm benannt. Auch Politgrößen bekennen sich offen zu ihrer Peanutbutter-Leidenschaft. So beispielsweise Michael Bloomberg, der ehemalige Bürgermeister von New York, der das Peanutbutter-Sandwich gar zu seiner Henkersmahlzeit kürte. Und eine, die sich am liebsten fast ausschließlich von Erdnussbutter ernährte, war die Schriftstellerin Patricia Highsmith. Ihr Biograf schreibt, dass die Südstaatenküche ihr am liebsten war. Maisbrot, Spareribs und eben Peanutbutter gehörten zu den Favoriten. Ihr Kühlschrank enthielt oft nicht mehr als eine Flasche Vodka und ein großes Glas Erdnussbutter. Highsmith, die mit ihren Kriminalromanen rund um Mr. Ripley ein Millionenpublikum erreicht hat, hortete Erdnussbutter nicht nur im Kühlschrank – sogar in ihrer Handtasche soll sie immer ein Glas mitgetragen haben.

Zu Ehren dieser großen Namen und ihrer Peanutbutter-Liebe gibt es gleich zwei Rezepte mit dem Sehnsuchts-»Spread«. Und wie wir das ebenfalls aus den Serien kennen, muss für Kontrast und Abwechslung gesorgt sein: So folgt auch hier nach einer Portion Gemüse reichlich Süßes.

Ein Gemüsesalat mit sämigem Erdnussbutter-Dressing hätte wahrscheinlich auch Patricia Highsmith überzeugt. Voller Umami, knackig, erfrischend und intensiv nussig. Bei Elvis vermute ich, dass er gleich mit der Nachspeise begonnen hätte. Diese süßen Riegel, die amerikanische Kindergeburtstage in weiter Ferne lassen, dafür aber prächtig zur »Ich will alles haben«-Mentalität passen, sind eines Kings of Rock 'n' Roll jedenfalls definitiv würdig. Die Raw Bars mit Erdnussbutter sind gesund und nahrhaft, schmecken nussig, schokoladig, süß und sind das gesündeste Dessert überhaupt.

ERDNUSSBUTTER-RAW BARS

Für eine Auflaufform
von 24 bis 28 cm Länge

FÜR DEN BODEN

200 g Datteln
80 g Haferflocken

FÜR DIE ERDNUSSBUTTERFÜLLUNG

120 g Erdnussbutter
150 g Nussbutter, Sorte nach Belieben (z. B. Mandel-Kokos oder Haselnuss, siehe Basics)
2 EL natives Kokosöl
1 EL Ahornsirup
100 g Kokoscreme (dickflüssiger Teil der Kokosmilch, siehe Tipps)
1 Prise Salz

FÜR DAS TOPPING

100 g schwarze Schokolade
2 EL natives Kokosöl
1 Handvoll gesalzene Erdnüsse und 1 Handvoll geröstete Haselnüsse als Garnitur

1 Die Datteln entsteinen und mit den Haferflocken im Mixer oder Cutter zu einem Teig mixen. Die Masse in eine mit Backpapier ausgelegte Auflaufform streichen und mit einem Löffelrücken oder dem Boden eines Trinkglases gut andrücken. Bis zur Weiterverwendung kühl stellen.

2 Für die Füllung alle Zutaten in der Küchenmaschine (Cutter) zu einer geschmeidigen Masse mixen. Die Masse sorgfältig gleichmäßig auf dem gekühlten Boden verstreichen. Bis zur Weiterverwendung wiederum kühl stellen.

3 Für das Topping die Schokolade hacken und zusammen mit dem Kokosöl in einem kleinen Topf auf tiefster Stufe vorsichtig schmelzen. Die geschmolzene Schokolade auf die Erdnussmasse in der Auflaufform gießen und gleichmäßig verstreichen. Die gesalzenen Erdnüsse und die gerösteten Haselnüsse darüberstreuen und ganz leicht in die Schokolade drücken.

4 Im Kühlschrank auskühlen lassen, dann für etwa 3 Stunden in den Tiefkühler geben. 20 bis 25 Minuten vor dem Essen aus dem Tiefkühler nehmen.

TIPPS Wenn die Datteln eher trocken sind, vor der Verarbeitung einige Minuten in heißem Wasser quellen lassen, abgießen, ausdrücken und wie angegeben weiterverarbeiten.

Kokoscreme gibt es fertig als solche zu kaufen. Man kann aber auch normale Kokosmilch über Nacht in den Kühlschrank stellen; die reichhaltigere, dicke Creme verfestigt sich dadurch zu einer Schicht an der Oberfläche. Vor der Verwendung auf keinen Fall schütteln, sondern die dickflüssige Schicht einfach oben mit einem Löffel abschöpfen.

BROKKOLI-SELLERIE-SALAT

FÜR DAS GEMÜSE

4 Köpfe Brokkoli
4 EL Olivenöl
4 EL Limettensaft, frisch gepresst
grobkörniges Meersalz, Pfeffer aus der Mühle
1 EL Dukkah (siehe Basics)
2 Stangen Sellerie

FÜR DAS DRESSING

70 g Erdnussbutter
1 TL Ginger-Garlic-Paste (siehe Tipp)
1 TL Ahornsirup
1 Limette, Saft
1 Orange, Saft
2 EL Sojasauce
1 EL Misopaste

ZUM FERTIGSTELLEN

1 Handvoll Sesam
1 Handvoll frischer Koriander

1 Den Strunk des Brokkolis kürzen, jedoch nicht ganz entfernen. Den Brokkoli im Ganzen 3 bis 5 Minuten in Salzwasser blanchieren. Abgießen und in eine große Auflaufform geben. Mit Olivenöl und Limettensaft beträufeln, mit Dukkah, Salz und Pfeffer würzen. Den Brokkoli in der Mitte des auf 180 Grad vorgeheizten Backofens mit Umluft 20 Minuten backen.

2 Den Stangensellerie in hauchdünne Scheiben schneiden oder hobeln.

3 Für das Dressing alle Zutaten im Mixer zu einem sämigen Dressing mixen. Falls es zu dickflüssig ist, 1 Esslöffel Wasser hinzufügen.

4 Die Brokkoliköpfe im Ganzen auf Teller setzen. Die Selleriescheibchen dazugeben und alles großzügig mit Erdnuss-Dressing beträufeln. Mit Sesam und Koriander garnieren. Das restliche Dressing dazu servieren.

TIPP Ginger-Garlic-Paste gibt es fertig zu kaufen im Indien-Shop, lässt sich aber auch einfach selbst herstellen. Dazu 1 gepresste Knoblauchzehe und ¼ TL frisch geriebenen Ingwer mischen.

MILLIONEN MELONEN, DREI MUSKETIERE UND EIN ALEXANDRE DUMAS

Sommer finde ich die schönste aller Jahreszeiten. Der Apéro wird zum Menschenrecht erhoben, das tägliche Verlangen nach Eis nicht bloß Kindern zugesprochen, wir dürfen wieder Zehen zeigen und uns von kräftigen Händen mit Sonnencreme einreiben lassen. Das Beste aber an der wärmsten Zeit des Jahres sind die Grillabende im Freien. Wenn es langsam dämmert, Lampions mit ihrem warmen Geflacker für Romantik sorgen und die Dorade über der Glut röstet, knabbere ich Paprikachips und verteile die Krümel vergnügt erst auf die baren Füße und dann ins Gras. Getrunken wird »Pimm's«, eiskalt und süffig. Und es wird geschlemmt – für die Bikinifigur ist es im Sommer sowieso zu spät.

Den Reigen der sommerlichen Köstlichkeiten führt eine an: die Melone. Keine Sommer-Laudatio ohne – ob Wasser-, Honig- oder Netzmelone, Cavaillon oder Charentais. Melonen sind erfrischend, süß und aromatisch. Ein bekennender Melonenliebhaber war einst auch Alexandre Dumas, der Vater der drei Musketiere und des Grafen von Monte Cristo. Zu Beginn des 19. Jahrhunderts begann man im französischen Cavaillon mit dem Anbau einer neuen Melonensorte. Der gute Ruf dieser Melonen sprach sich schnell herum, gar Alexandre Dumas, der in Paris weilte, bekam davon zu hören. Zur gleichen Zeit klopfte die Bibliothek von Cavaillon bei Alexandre Dumas an mit der Bitte um einige seiner Werke zur Bereicherung ihres Bestandes. Nicht ohne Humor und Opportunismus antwortete Alexandre Dumas, dass er damit einverstanden wäre, wenn man ihm dafür im Gegenzug eine lebenslängliche »Rente« von zwölf Melonen pro Jahr zusicherte. Der Deal kam zustande, und Dumas genoss Cavaillon-Melonen bis zum Lebensende.

Auf Melonensalat freue ich mich immer ganz besonders, und das Rezept möchte ich hier mit Ihnen teilen. Die Inspiration dafür stammt aus dem Sommer 2006 – vielleicht sitzen Sie in Gedanken wieder in einem Public Viewing und jubeln den Männern in kurzen Hosen zu. Den Sommer 2006, besser bekannt als »Sommermärchen«, habe ich jedoch nicht nur des Fußballs wegen in Erinnerung. Ich denke dabei auch an meine Zeit im Kloster, auch wenn diese eher den Charakter eines guten One-Night-Stands hatte – ein kurzer, aber sehr nachhaltiger Besuch. Für eine Woche lebte ich gemeinsam mit 450 Nonnen auf dem Klosterhügel in Brunnen. Im Rahmen meiner Maturarbeit wollte ich das Klosterleben besser kennenlernen. Die Vorstellung vom frühen Aufstehen, dem Verzicht auf Männer, Kinder und Reisen hatte sich für mich so lebensfeindlich angehört, dass es schon wieder faszinierend war. So saß ich also im Garten vor einem ansehnlichen Jugendstilhaus und sog gemeinsam mit meiner Nonnen-WG die letzten Strahlen der Junisonne auf, bevor sie hinter dem Vierwaldstättersee verschwand.

Wer bei Klostermahlzeiten an lange Holztische, dunkle Säle und ein karges Mahl denkt, hat weit gefehlt. Dass auch Nonnen laue Sommernächte und Gegrilltes mögen und einen exzellenten Melonensalat drauf haben, bewiesen mir die Ordensschwestern gekonnt. Es gab keinen »Pimm's«, dafür »Radler», und das reichlich. Selbstverständlich Paprikachips und Bratwürste vom Grill. Grillchefin war Schwester Jonatha. Sie war auch meine Zieh-Nonne und Vertraute. Sie beantwortete mir die unmöglichsten Fragen, führte mich in die Gebets- und Arbeitspraktiken ein und machte mich mit der gefürchteten Oberschwester bekannt. Sie war vif, schlagfertig und gut zu Fuß. Wenn sie keine Hausschuhe trug, ragten klobige Wanderschuhe unter ihrer schwarzen Kutte hervor. Nach dem Abendessen unternahmen wir regelmäßig Spaziergänge in den umliegenden Wäldern und sprachen nicht über Gott und die Welt, sondern über Familie und Freunde, übers Backen und Prüfungsangst. Die Nonne war energiegeladen und aufmerksam. Eine ähnlich gute Figur machte sie am Grill. Mit Präzision und Ernsthaftigkeit bereitete sie unser Abendessen zu. Zu den Würsten gab es hausgemachten Senf, frisches Brot und Melonensalat. Danach gönnten sich die Nonnen Schoko-Bananen direkt aus der Glut. Dazwischen gab es ein Gebet für die Schweizer Nationalmannschaft, die an jenem Abend an der WM in Deutschland auflief. Das Stoßgebet war so bestechend wie einfach: Lass die Schweiz so gut spielen, dass sie gewinnt. Ob es geholfen hat, weiß ich nicht mal mehr, denn eine viel bleibendere Erinnerung ist mir der Melonensalat von Schwester Nunzia, die dafür Melonen mit Mozzarella und Basilikum gepaart hat. Dazu ein würziges Dressing mit Balsamico und Olivenöl. Es schmeckte göttlich. Das Beten habe ich, kaum aus dem Kloster, wieder eingestellt, den Melonensalat mache ich heute noch. Anstatt des Mozzarellas nehme ich Halloumi, und die Kräuter werden im Andenken an einen klösterlichen Kräutergarten nahezu maßlos verwendet. Maßlosigkeit ist im kirchlichen Umfeld nicht gern gesehen, dieser Melonensalat dürfte eine Ausnahme sein.

MELONENSALAT MIT HALLOUMI, ZITRONE UND BASILIKUM

2 Charentais-Melonen
4 Scheiben (à 70 g) Halloumi
(griechischer Grillkäse)
Olivenöl zum Braten
1 Bund Basilikum
5 EL Olivenöl
1 Zitrone, abgeriebene Schale und 3 EL Saft
grobkörniges Meersalz, Zitronenpfeffer
2 Handvoll Pinienkerne, geröstet

1 Die Melonen entkernen, schälen und würfeln. In eine große Schüssel geben.

2 Den Halloumi in Olivenöl in einer Grillpfanne oder auf dem Grill von beiden Seiten gut anbraten. Sobald er ein wenig ausgekühlt ist, in Würfel schneiden. In die Schüssel zur Melone geben.

3 Das Basilikum ganz fein hacken. Mit Olivenöl, Zitronensaft, Salz und Zitronenpfeffer mischen. Melone und Halloumi mit dem Basilikumdressing mischen.

4 Die Pinienkerne in einer Pfanne ohne Fett rösten, bis sie zu duften beginnen. Zusammen mit den Zitronenzesten über dem Salat verteilen.

KSAMIL, ALBANIEN

FRÜHSTÜCK FÜR EXISTENZIALISTEN

Es gab – wenn auch schwer vorstellbar – Zeiten ohne Whatsapp, Snapchat und Co. Damals schrieben sich die Menschen Briefe. Manchmal über Jahre, gar Jahrzehnte hinweg. Marlene Dietrich und Erich Maria Remarque, Paul Celan und Ingeborg Bachmann, genauso Goethe und Schiller – dies nur eine kleine Auswahl der vielen großen Literaten, deren Briefwechsel für die Nachwelt erhalten geblieben sind. Die Briefe sind facettenreich und bunt – Liebesschwüre, philosophische Abhandlungen über das menschliche Dasein, sexuelle Fantasien oder einfach der neuste Stand von Wetter und Verdauung.

Zwei, die sich lange und viel geschrieben haben, waren Jean-Paul Sartre und Simone de Beauvoir. Als Frankreich 1939 Deutschland den Krieg erklärte, wurde Sartre ins Elsass beordert. Weil es da für kriegerische Verhältnisse erst mal noch ruhig war, kam er viel zum Schreiben. Darunter auch Briefe an seine Seelenverwandte in Paris, die Feministin, Schriftstellerin und nicht minder talentierte Simone de Beauvoir. Über Politik, Philosophie und Sartres neustes Werk »Das Sein und das Nichts« tauschten sie sich per Briefpost aus. Zwischen Sartres Zeilen schleichen sich auch immer wieder ganz menschliche Passagen. So erinnert er de Beauvoir daran, ihm doch endlich zwei Pakete Halva zu senden. Sartre konnte dieser Süßigkeit kaum widerstehen. In einem folgenden Brief schreibt er:

> »Ich war in einer ausgezeichneten Stimmung heute, und dann bekam ich Ihre Bücher, aber keine Halva. Gibt es noch ein anderes Paket?«

Und als das philosophische Schleckmaul dann Halva zugeschickt bekommt, ist seine gierige Freude nicht zu überlesen:

> »Mein Halva ist in gutem Zustand angekommen (...). Vielen Dank, meine kleine Süße. Wir haben die ganze Schachtel beim Mittagessen gegessen.«

Eine Freude, den Briefwechsel zweier solch großer Literaten zu lesen. Es sind wunderschöne Briefe, vor allem aber wird das Genie Sartre durch seine Schwäche für Süßes fast zu einem von uns.

Als wäre die Lobhudelei Sartres nicht schon schlagkräftiges Argument genug, doppelt ein Literaturnobelpreisträger nach. In »Die Brücke über die Drina« beschreibt Ivo Andrič die Feierlichkeiten, welche anlässlich der Fertigstellung der bedeutungsvollen Brücke abgehalten wurden. Über die süße Sünde heißt es da:

> »Auf dem Platz, der die Brücke mit der Stadt verbindet, wurde in Kesseln Halwa gekocht und noch warm an das Volk verteilt. Da aß sich auch der an Süßigkeiten satt, der es zum Bairam (großer mohammedanischer Feiertag) nicht getan hatte. Bis in die umliegenden Dörfer gelangte die Halwa, und wer immer sie kostete, wünschte dem Wesir Gesundheit und seinen Bauten langes Bestehen. Es gab Kinder, die vierzehnmal an den Kessel gingen, bis sie die Köche, die sie wiedererkannten, verjagten, indem sie mit dem Kochlöffel nach ihnen schlugen. Ein Zigeunerkind starb, denn es hatte sich an der heißen Halwa überessen.«

An Halva muss was dran sein. Bei so viel Zuwendung versuche ich meinen Teil ebenfalls zu erfüllen und mein Halwa-Granola mit der göttlichsten aller Früchte zu verbinden. Da drängt sich nur eine auf: die Feige. Die Liebe zu frischen Feigen entdeckte ich spät, in Griechenland, als ich das erste Mal in eine Frucht biss, der es tatsächlich anstand, sich die Frucht der Verführung zu nennen. Prall, dunkelrot, fast bordeaux, süß wie Konfitüre und sonnengetränkt. Was die Supermärkte hierzulande als Feigen anpreisen, ist dieser Frucht nicht würdig. Wundern tut das kaum, so reif und prall, so verletzlich, solche Feigen würden eine Reise aus Griechenland oder Albanien, aus dem Süden Italiens oder Spaniens kaum je bis in unsere Breiten überstehen.

An der albanischen Riviera, am Strand von Ksamil, habe ich Feigen gekostet, die so zuckrig, intensiv und üppig waren, dass jede Feigenkonfitüre vor Neid erblasst. Vollmundig wie ein schwerer Rotwein, süß wie Honig, fruchtig wie Tomaten. Verkauft hat mir diese Köstlichkeit eine alte Dame, die Tag für Tag mit ihrem Korb voller Feigen aus dem hauseigenen Garten am Straßenrand stand und versuchte, ihre überreifen Früchtchen unter die Leute zu bringen. Ich bin eigentlich eine geübte Verhandlerin. Den angesetzten Preis gilt es zu halbieren, mindestens. Wenn der Verkäufer sofort gut gelaunt einlenkt, weiß ich, meinen Part nur ungenügend erfüllt zu haben. Nach Indien und Marokko bin ich mit allen Wassern gewaschen. Doch dieses Feigen-Frauchen hat alles Gelernte über den Haufen geworfen. Ich musste ihren Preis regelmäßig nach oben korrigieren. Ihre Ware war Weltklasse, der Preis vernichtend. Für einen Euro füllte sie mir die Tüte derart voll, dass ich daraus fast Konfitüre hätte kochen können. Also legte ich noch einen Euro drauf. Worauf sie mir eine weitere fette Feige in die Tüte packte.

Pochierte Honig-Feigen mit Labneh sind ein Traum. Das Granola mit Tahini, Sesam und Nüssen geht bestens als Halva-Granola durch, schmeckt köstlich, spendet Energie und ist – so wage ich zu behaupten – erst noch das erste existenzialistische Frühstück überhaupt.

HALVA-GRANOLA

50 g Mandeln
50 g Cashewkerne
50 g Haselnüsse
50 g Kokosflakes oder Kokosraspel
50 g Kürbiskerne
50 g Sonnenblumenkerne
30 g Sesam
100 g feine Haferflocken
5 Prisen grobkörniges Meersalz
3 EL Tahini
4 EL Ahornsirup

8–10 reife Feigen
2 EL Ahornsirup, nach Wunsch mehr zum Servieren
600 g griechischer Joghurt
pro Person 1 Handvoll Halva-Granola

1 Mandeln, Cashewkerne und Haselnüsse grob hacken. Mit den Kokosflakes oder -raspeln, Kürbiskernen, Sonnenblumenkernen, Sesam, Haferflocken und Salz gut vermischen. Das Tahini glatt rühren und mit dem Ahornsirup darunterheben. Alles gut verrühren.

2 Die Granola-Mischung auf einem mit Backpapier belegten Blech ausstreichen. Damit es auch wirklich richtig knusprig wird, nicht zu dick auftragen; lieber eine weitere Portion auf einem zweiten Blech ausstreichen, wenn nicht alles auf eines passt.

3 Die Granola-Mischung in der unteren Hälfte des auf 130 Grad vorgeheizten Ofens mit Umluft 25 bis 30 Minuten backen. Herausnehmen und abkühlen lassen. Das Granola wird erst beim Abkühlen richtig knusprig.

4 Die Feigen halbieren und mit dem Ahornsirup in einem kleinen Topf auf niedrigster Stufe pochieren.

5 Die warmen Feigen mitsamt dem Saft zusammen mit dem Joghurt und dem Granola servieren.

Das Halva-Granola lässt sich auf unzählige Varianten genießen. Probieren Sie auch mal gebackene Sommerfrüchte, gegrillte Bananen oder pochierte Pflaumen. Ob Joghurt, Quark, Labneh oder Milch, das Frühstücks-Müsli lässt sich beliebig adaptieren.

TIPP Das Halva-Granola hält sich fest verschlossen gut zwei Monate. Es lässt sich zudem nach dem Backen nach Belieben mit Ihren Lieblingszutaten anreichern, zum Beispiel mit allen Arten von Trockenfrüchten, geraspelter Schokolade, Kakaonibs oder Karamelldrops.

KOLKATA, INDIEN

DER FLUGFREUND

Der Herr neben mir, in »used« Jeans, mit pechschwarzem Haar und Hoodie, blättert beflissen im Leporello der Sicherheitsanweisungen, als gäbe es darin etwas zu gewinnen. Unterdessen krame ich in meinem Rucksack nach spannenderer Lektüre. Ich lese »Midnight Children« von Salman Rushdie. Ich halte es wie so manche Reisende: Auf den Besuch eines bestimmten Landes soll ausgesuchter Lesestoff einstimmen. So sitze ich in einer Boeing 777 und fliege von Dubai nach Kolkata, wo mich ein rauschendes Hochzeitsfest erwartet. Rushdie versprüht mit seinen Zeilen schon mal gekonnt indisches Lebensgefühl – Hitze, beißender Geruch, Armut und Anstrengung, aber auch der Duft von Safran und Sandelholz, Hoffnung und Magie.

Für indisches Essen hat Rushdie ein Herz. Er schreibt von Chutneys und Currys und macht mich noch über arabischem Boden hungrig auf die indische Küche. Während wir es gewohnt sind, dass die Zutat Liebe aus hausgemachtem Essen Hervorragendes macht, sind die Speisen in »Midnight Children« noch mit vielerlei weiteren Emotionen gewürzt. Saleem Sinai, der Protagonist und Erzähler der Geschichte, erzählt:

> »Was meiner Tante Alia Vergnügen bereitete: Kochen.
> Was sie in der einsamen Verrücktheit der Jahre in den Rang einer Kunstform erhoben hatte: das Schwängern von Essen mit Gefühlen (...)«

So isst er »Currys der Schuld« von seiner Nanny Ayah, während seine Mutter ihren Hunger mit Schwiegermutters »Fischcurry der Sturheit« und »Biryanis der Entschlossenheit« stillt.

Ob mit Rebellion oder Demut versehen, auf Butter Chicken, Dal Makhani und buttrige Paratha freue ich mich besonders. Vorziehen würde ich dem höchstens noch Biryani, ein langsam geschmortes Reisgericht mit Safran, Gemüse, Nüssen, Hühnchen oder Lamm und vielerlei Gewürzen. Biryani ist ein Festtagsgericht, und meine Chancen, an der Hochzeit in seinen Genuss zu kommen, sind intakt. Es ist die zweite indische Hochzeit, die ich erlebe, und ich weiß, was für kalorienschwere Höhenflüge folgen werden. Eine Tanz-Choreografie, die wir Gäste für das Brautpaar eingeübt haben, liegt mir allerdings noch auf dem Magen. Zu Bollywood-Musik sollen wir die Performance aufführen, und die indische Hochzeitsgesellschaft wird sich über die ungelenken Bewegungen von uns Ausländern köstlich amüsieren. Dass eine Hochzeitsgesellschaft in Indien ohne Weiteres über 500 Personen zählen kann, ist dabei nur ein Detail.

Ich bin nicht die einzige, die gerade mit etwas Nervosität zu kämpfen hat. Der Herr mit dem Leporello versucht sich inzwischen mit dem Menü abzulenken. Dieser sympathische, von Flugangst geplagte Mann wird also für die nächsten Stunden mein Sitznachbar sein. Wird das Essen serviert, macht man sich gemeinsam über die Schälchen her und lernt die Vorlieben und Abneigungen des Fremden ungewollt kennen. Salzt er nach, oder lässt er figurbewusst das Dessert aus, kommt Zucker in den Kaffee, oder trinkt er bloß Tee? Spätestens dann, wenn im Flieger die Lichter ausgehen, wird aus dem Nachbarn irgendwie mehr als der Sitznachbar in der Straßenbahn. Plötzlich wird neben dem Wildfremden geschnarcht und gesabbert, und bei hängendem Kopf und offenem Mund ist die Phase des Smalltalks unverhofft übersprungen.

Als das Essen ausgeteilt wird, machen wir uns daran, ein Schälchen nach dem andern auszulöffeln. Es gibt ein indisches Linsengericht mit Idli, Melonenschiffchen und Orangensaft. Als ich zu meinem Nachbarn hinüberschiele, hat er sich bereits durch sämtliche Schälchen gegessen und ist gerade daran, sich den Zucker für den später servierten Kaffee in den Mund zu kippen. Als er gleich darauf das Milchpulversäckchen aufreißt und auch das, als wäre es ein alkoholischer Shot, hinunterkippt, ist mir klar, dass er das Prinzip der Bordverpflegung nicht so ganz verstanden hat. Souverän leert er sein Tablett bis aufs Letzte. Erst als die Flight Attendant Kaffee ausschenkt, scheint es ihm zu dämmern. Wir lachen gemeinsam, und bei so viel Vertrautheit ist es fast ein bisschen schade, dass sich unsere Wege nach der Landung wieder für immer trennen werden. Sobald wir auf dem Boden sind, wird aus dem Flugfreund wieder ein anonymer Nachbar, den ich mit einem distanzierten Nicken ins Ungewisse verabschiede.

STAUB

BIRYANI MIT GEMÜSE

Für 4 bis 6 Personen

FÜR DEN REIS

400 g Basmatireis
5 grüne Kardamomkapseln
1 Zimtstange

2–3 Prisen Safranfäden
100 ml Milch
1 TL Rosenwasser

FÜR DAS GEMÜSE

1 kg Gemüse (z. B. Karotten, Aubergine, Blumenkohl, Fenchel)
80 g Ghee
½ TL gemahlene Muskatnuss
½ TL gemahlener Kardamom
1 TL gemahlener Zimt
2 TL gemahlener Kreuzkümmel
2 TL gemahlener Koriander
1 EL Ginger-Garlic-Paste (gibt's in jedem indischen Lebensmittelladen)
2 EL Röstzwiebeln
4 EL Nussbutter (Mandel- oder Cashewbutter, gekauft oder selbstgemacht, siehe Basics)
750 ml Wasser
180 g Naturjoghurt
grobkörniges Meersalz, frisch gemahlener Pfeffer

1 Den Basmatireis in gesalzenem Wasser zusammen mit den Kardamomkapseln und der Zimtstange etwa 8 Minuten halb gar kochen. Das Wasser abgießen, Zimtstange und Kardamomkapseln entfernen und den Reis beiseitestellen.

2 Den Safran mit etwas warmer Milch übergießen und das Rosenwasser hinzufügen.

3 Das Gemüse in mundgerechte Stücke schneiden. Das Ghee in einem großen Topf erhitzen. Alle Gewürze, Ginger-Garlic-Paste, Röstzwiebeln und Nussbutter hinzufügen und kurz rührbraten, bis es zu duften beginnt. Das Gemüse beigeben und alles gründlich vermischen, sodass das Gemüse mit der Gewürzmischung überzogen ist. Wasser und Joghurt hinzugeben, die Temperatur stark reduzieren und das Gemüse 60 bis 70 Minuten bei geringer Hitze ohne Deckel schmoren lassen, bis die Sauce sämig eingedickt ist. Mit Salz und Pfeffer abschmecken.

ZUM FERTIGSTELLEN

1 EL Ghee
1 große gelbe und 1 große rote Zwiebel, in Ringe geschnitten
150 ml Vollrahm (Sahne)
2 Handvoll Sultaninen
1 Handvoll Mandelblättchen
1 Bund Koriander, grob zerzupft

4 In einem zweiten großen Topf 1 Esslöffel Ghee erhitzen und die Zwiebelringe glasig dünsten. Die Zwiebelringe herausnehmen und beiseitestellen. Der Topf wird nun zum Einschichten des gesamten Biryanis verwendet.

5 Zuerst eine Schicht Reis in den Topf geben. Mit der Hälfte des Rahms sowie der Hälfte der Safranmilch beträufeln und einige Sultaninen daraufstreuen. Dann die Hälfte des Gemüses darauf verteilen, den restlichen Reis darübergeben und mit dem verbleibenden Rahm sowie der restlichen Safranmilch beträufeln. Zum Schluss das restliche Gemüse daraufgeben und mit einer Handvoll Sultaninen bestreuen. Zugedeckt etwa 30 Minuten auf niedriger Stufe schmoren lassen.

6 Die Mandelblättchen in einer beschichteten Pfanne ohne Fett einige Minuten rösten. Das Biryani großzügig mit Koriander und mit den Mandelblättchen garnieren.

LIEBER HACK ALS HEIKEL

»Wie üblich fängt seine Mutter schon Tage vorher an zu kochen und packt den Kühlschrank mit Stapeln folienbedeckter Platten voll. Sie macht Gogols Lieblingsspeisen: Lammcurry mit viel Kartoffeln, Luchis, dickes Channa Dal mit gequollenen Rosinen, Ananas-Chutney, Shandesh aus safrangelbem Ricotta. Das alles ist weniger anstrengend für sie, als eine Handvoll amerikanischer Kinder abzufüttern, von denen die Hälfte erklärt, sie seien allergisch gegen Milch, und von denen keines die Brotkruste mitisst.«

– **JHUMPA LAHIRI,** DER NAMENSVETTER

Diese Zeilen lassen mich schmunzeln. Die indischstämmige Autorin Jhumpa Lahiri lebt in den USA und beschreibt in ihrem Buch »Der Namensvetter« eine Situation, wie sie vermutlich viele kennen. Kinder sind zwar oft sehr dankbare, nicht aber die einfachsten Esser. Sie haben vielleicht keine hohen Ansprüche, aber dafür viele Gewohnheiten. Und Launen. Ich muss unverzüglich an ein Geburtstags-Geköch meiner Mutter denken und schmunzle erneut.

Zu meinem zehnten Geburtstag durfte ich alle Mädchen meiner Klasse zum Mittagessen zu mir nach Hause einladen. Das war noch zu jener Zeit, als man die Jungs lieber aus sicherer Distanz beobachtete, denn bei sich am Tisch hatte. So erklärt sich jedenfalls die Mädchenbande. Es gab mein Lieblingsessen. Hörnli mit Gehacktem, nach Wunsch mit Parmesan oder Apfelmus oder beidem. Meine Mutter, seit jeher von der Angst getrieben, es könnte zu wenig Essen geben und jemand müsse Hunger leiden, kochte schiere Mengen Teigwaren und Gehacktes, raspelte Käse für eine Armee, und mit dem Apfelmus allein hätten wir schon überwintern können. Als die erste Freundin – mehr aus einer Laune denn aus wahren vegetarischen Motiven – verlauten ließ, sie wolle die Hörnli ohne Fleischsauce, schlossen sich ihr in Sekundenschnelle die Hälfte der Mädchen an. Meine Mutter war genervt, ließ sich aber nichts anmerken und schöpfte der Horde die bloßen Hörnli. Wenigstens war sie sich jetzt sicher, nicht zu wenig gekocht zu haben.

Lammcurry, Channa Dal, Ananas-Chutney, Shandesh. In Indien ist eine solche Auswahl keine Seltenheit, im Gegenteil. Verschiedene Linsen-, Gemüse- und Reisgerichte bieten in den landestypischen Thalis eine Auswahl, die die Völlerei zwar befeuern, aber schlicht großartig sind. Thali heißen die Metallplatten, die mit einer Vielzahl an kleinen Schüsselchen beladen werden. In jedem Schüsselchen befindet sich ein anderes Gericht; in spezialisierten Thali-Restaurants werden diese gar nach Belieben wieder aufgefüllt.

Inspiriert von Mamma Gogols Lammcurry, den Kartoffeln und dem Channa Dal habe ich ein Menü gekocht, das mit Lammhackbällchen, gerösteten Mohnkartoffeln und einem sämigen Channa Dal den Aufwand längst entschädigt. Und wenn Sie schon beim Anblick eines Thalis in Zeitnot geraten, kochen Sie einfach Hörnli und Gehacktes, streuen eine Extraportion Käse darüber und machen eine Dose Apfelmus auf. Das ist absolut in Ordnung. Und immer noch mein unprätentiösestes Leibgericht.

THALIPLATTE MIT MOHNKARTOFFELN, HACKBÄLLCHEN UND CHANNA DAL

FÜR DIE MOHNKARTOFFELN

500 g kleine Frühkartoffeln
2 – 3 EL Rapsöl
1 EL Blaumohn
1 EL Kokosraspel
½ TL gemahlener Kreuzkümmel
½ TL Fenchelsamen
¼ TL gemahlener Ingwer
grobkörniges Meersalz, Pfeffer aus der Mühle
1 ganze Knoblauchknolle, ungeschält
2 TL Rapsöl zum Beträufeln

FÜR DAS RAITA

¼ Salatgurke
180 g griechischer Joghurt
grobkörniges Meersalz, Pfeffer aus der Mühle
½ TL gemahlener Kreuzkümmel

FÜR DIE HACKBÄLLCHEN

1 rote Zwiebel
2 EL Ghee oder Rapsöl
300 g Hackfleisch
1 Ei
1 EL Garam Masala
½ TL süßlicher Chili für mehr Schärfe, nach Wunsch
grobkörniges Meersalz, Pfeffer aus der Mühle
Mehl zum Wenden
Rapsöl zum Braten

1 Für die Mohnkartoffeln die Kartoffeln waschen und halbieren. Mit Rapsöl, Mohn, Kokosraspeln und sämtlichen Gewürzen gut mischen. In eine Auflaufform oder auf ein mit Backpapier belegtes Blech geben; damit sie schön knusprig werden, sollten sich die Kartoffeln nicht überlagern. In der Mitte des auf 180 Grad vorgeheizten Ofens mit Umluft 35 bis 40 Minuten backen.

2 Von der Knoblauchknolle einen Deckel abschneiden, mit Rapsöl beträufeln und mit der Schnittseite nach unten neben die Kartoffeln in den Ofen geben und mitgaren.

3 Für das Raita die Salatgurke schälen und in kleine Würfelchen schneiden. Etwas Salz darübergeben und rund 30 Minuten Wasser ziehen lassen. Die Gurkenwürfel kalt abspülen und in einem Sieb oder auf Küchenpapier weitere 20 Minuten abtropfen lassen. Dann ausdrücken, unter den Joghurt mischen und mit Salz, Pfeffer und Kreuzkümmel würzen.

4 Für die Hackbällchen die Zwiebel fein hacken und in etwas Ghee oder Öl 5 Minuten glasig dünsten, kurz auskühlen lassen. Das Hackfleisch mit der gedünsteten Zwiebel, Ei, Garam Masala und, falls verwendet, Chili gut mischen und zu einem Fleischteig kneten. Mit Salz und Pfeffer abschmecken. Aus der Fleischmasse Bällchen formen und diese in Mehl wenden (das Mehl macht die Hackbällchen knuspriger). Rapsöl erhitzen und die Hackbällchen 5 bis 7 Minuten von allen Seiten braten. Sie sollten gar sein, aber nicht trocken werden, also nicht zu lange braten.

FÜR DAS CHANNA DAL

1 gelbe und 1 rote Zwiebel, fein gehackt
250 g gelbe Linsen, abgespült
1 – 2 EL Ghee oder Rapsöl
1 Glas oder 1 Dose Kichererbsen (Abtropfgewicht 220 g), abgespült, abgetropft
1 TL gemahlener Kreuzkümmel
1 TL gemahlene Kurkuma
1 TL gemahlener Koriander
2 EL Sultaninen
ca. 400 ml kräftige Bouillon
1 Zimtstange
2 Lorbeerblätter
150 ml Kokosmilch

5 Für das Channa Dal Ghee in einem Topf erhitzen. Die Zwiebel und die Linsen darin anbraten. Sämtliche Gewürze, die Sultaninen und die Kichererbsen hinzufügen und weiterrösten. Mit der Bouillon ablöschen, Zimtstange und Lorbeer beigeben und köcheln lassen; dabei immer wieder umrühren. Nach etwa 8 Minuten die Kokosmilch zugießen und weitere 3 bis 5 Minuten zu sämiger Konsistenz kochen. Die Linsen sollten gar sein, aber dürfen noch etwas Biss haben. Linsen, Hackbällchen, Kartoffeln und Raita auf verschiedene kleine Schälchen verteilen und mit frischem Naan und Randen-Pickles (Basics) oder Chutney genießen.

TIPP Randen-Pickles (siehe Basics) dazu servieren.

KINDERBANDE IN GORAKPUR, INDIEN

CHEFCHAOUEN, MAROKKO

MIT ZUCKER, LAIB UND SEELE

»Am Abend, wenn es schon dunkel war, ging ich zu jenem Teil der Djema el Fna, wo die Frauen Brote verkauften. In einer langen Reihe hockten sie am Boden, das Gesicht so sehr verschleiert, dass man nur die Augen sah. Jede hatte einen Korb vor sich, der mit einem Tuch bedeckt war, und darauf lagen einige der flachen, runden Brote, zum Verkauf ausgestellt. Ich ging ganz langsam an der Reihe vorbei und betrachtete die Frauen und die Brote. Es waren meist reife Frauen, und ihre Formen hatten etwas von den Broten. (...)
Manchmal saß eine junge Frau dazwischen; die Brote wirkten zu rund für sie, als hätte sie sie gar nicht gemacht, und ihre Blicke waren anders. Keine, ob jung, ob alt, war lange müßig. Denn von Zeit zu Zeit nahm jede einen Laib Brot mit der Rechten auf, warf ihn leicht in die Höhe, fing ihn wieder auf, schwankte ein wenig mit der Hand, als ob sie ihn wöge, tätschelte ihn ein paarmal, dass man es hörte, und legte ihn dann nach diesen Liebkosungen wieder auf die übrigen Brote zurück. Der Laib selbst, seine Frische, seine Schwere, sein Duft, boten sich so zum Kaufe an. Es war etwas Nacktes und Lockendes an diesen Broten, die tätigen Hände der Frauen, von denen nichts außer den Augen unbedeckt war, teilten es ihnen mit. ›Das kann ich dir von mir geben, nimm es in deine Hand, es war in meiner.‹ Männer gingen daran vorbei, mit kühnen Blicken, und wenn einer an etwas Gefallen fand, blieb er stehen und nahm einen Laib in seine Rechte entgegen. Er warf ihn leicht in die Höhe,

fing ihn wieder auf, schwankte ein wenig mit der Hand, als wäre dies eine Waagschale, tätschelte ein paarmal den Laib, dass man es hörte, und legte ihn, wenn er ihn zu leicht befand oder aus einem anderen Grunde nicht mochte, zu den übrigen zurück. Aber manchmal behielt er ihn, und man spürte den Stolz des Laibes und wie er einen besonderen Duft verbreitete. Der Mann griff mit der Linken unter seinen Überwurf und holte eine ganz kleine Münze hervor, kaum sichtbar neben der großen Form des Brotes, und warf sie der Frau hin. Dann verschwand der Laib unter seinem Überwurf – es war nicht mehr zu merken, wo er war –, und der Mann ging.«

— **ELIAS CANETTI,** »DIE BROTWAHL«
AUS: DIE STIMMEN VON MARRAKESCH

Meist ist es die Neugier, die mich dazu verleitet zu verreisen. Das war bei Marokko nicht anders, die Neugier hatte das Buch »Die Stimmen von Marrakesch« von Elias Canetti ausgelöst. Der Schriftsteller bereiste Marokko und verarbeitete seine Eindrücke in kleinen Kurzgeschichten, die Alltag und Leben festhalten und einmal mehr aufzeigen, dass manchmal die alltäglichsten Dinge die poetischsten sind.

In den engen Gassen von Marrakesch, etwas abseits der großen Touristenströme, findet ebendieses alltägliche Gewusel statt – Händler feilschen mit ihrer Kundschaft, Kinder spielen Fangen, und alte Männer mit ernster Miene sitzen beisammen und schlürfen Tee aus filigranen Gläschen. Immer wieder beobachte ich, wie Frauen mit großen Teiglaiben auf noch größeren Holzbrettern durch die Straßen huschen. Die Laibe bringen sie zum Backen zu einem der öffentlichen Öfen. Nicht jeder Haushalt hatte früher einen eigenen Ofen; stattdessen haben sich viele Familien gemeinsam einen großen, urigen Steinofen geteilt, der das Fladenbrot so knusprig machte, dass darauf zu keiner Mahlzeit zu verzichten war. Heutzutage seien die Öfen fast wichtiger für den sozialen Austausch denn zum Backen. Wer die Backstube verlässt, hat nicht nur ein warmes Brot, sondern auch heiße News zu werdenden Müttern, nahenden Hochzeiten und vergangenen Streitereien.

Brot gehört zu den Grundnahrungsmitteln in Marokko. Oft ist es selbst gebacken oder aber gekauft, beim Freund, beim Nachbarn oder beim Freund des Nachbarn. Neben Brot zählen Couscous, Tajines, Bastilla und Harira, eine Linsensuppe, zu den typischen Spezialitäten.

In einem Kochkurs in Chefchaouen, auch bekannt als die »blaue Stadt«, lerne ich nicht nur, wie eine Tajine mit Hähnchen und Mandeln funktioniert, sondern auch was die Marokkaner unter »Süßen« verstehen. Bis dahin hatte ich schon an einer Vielzahl Pfefferminztees genippt und erkannt, ein marokkanischer Tee soll schmecken, nicht heilen. Laila, die schüchterne Kochlehrerin, die außer Arabisch noch einige Brocken Französisch spricht, gießt kochendes Wasser in ein kleines, mit Pfefferminzblättern vollgestopftes Krüglein. Ein Stück Zucker soll ich zugeben, weist sie freundlich an. Ich wundere mich. Ein Stück Zucker für das ganze Krüglein, das ist ja mal gesundheitsbewusst zurückhaltend, staune ich erleichtert. Ich greife zur Zuckerdose, die viel eher einem Zuckerkessel gleicht und staune erneut. Ein Zuckerwürfel, groß wie eine Zigarettenschachtel. Das Zuckerbrikett stopfe ich zu der Minze ins Krüglein, das jetzt so voll ist wie wie der Pendlerzug am Feierabend.

Später lerne ich, dass in Marokko weißer Zucker zu den Grundnahrungsmitteln gehört und ein zwei Kilogramm schweres Zuckerbrot ein beliebtes Mitbringsel ist. Wer beim Zucker spart, tut das also definitiv am falschen Ort. Ich bringe aus Marokko keinen Zucker mit, sondern die Gewürzmischung Ras el-Hanout, die Couscous, Fisch, Fleisch und Gemüse veredelt. Ras el-Hanout bedeutet eigentlich »Kopf des Ladens«, ist also Chefsache. Eine regelrechte Gewürzparade kommt da rein: Muskat, Zimt, Macis, Anis, Kreuzkümmel, Piment, Kardamom, Kümmel, Rosenpaprika und je nach Familienrezept noch einige mehr. Bis in die neunziger Jahre war auch die Spanische Fliege ein fester Bestandteil der Mischung. Heute kommt die Gewürzmischung ohne den Käfer aus, der übrigens auch als Potenzmittel bekannt war. Mir soll's recht sein.

RAS EL-HANOUT-LINSENSUPPE MIT FLADENBROT

2 EL Sesamöl
2 Knoblauchzehen
8 kleine Schalotten
200 g rote Linsen
1 EL Ras el-Hanout
700 g passierte Tomaten
250 ml starke Bouillon
1 Dose Tomaten (Pelati)
2 TL Rohrzucker
1 EL Tomatenmark
2 Lorbeerblätter
grobkörniges Salz, Pfeffer aus der Mühle
einige Spritzer Limettensaft zum Abschmecken

Cashews, schwarzer Sesam und Koriander zum Garnieren
Fladenbrot zum Servieren

1 Das Sesamöl in einem Topf erhitzen. Den Knoblauch in feine Scheiben schneiden und zusammen mit den ganzen Schalotten (falls sie zu groß sind, halbieren) beigeben. Linsen und Ras el-Hanout hinzufügen und alles kurz anrösten.

2 Passierte Tomaten, Bouillon und Dosentomaten hinzufügen. Rohrzucker, Tomatenmark und Lorbeer beigeben und bei niedriger Hitze etwa 35 Minuten köcheln lassen. Die Suppe nach Wunsch mit Salz, Pfeffer und Limettensaft abschmecken.

3 Cashews ohne Fett in einer Pfanne rösten, bis sie zu duften beginnen. Die Suppe in Schalen verteilen, mit Cashews, Sesam und Koriander garnieren und mit Fladenbrot servieren.

Elias Canetti
Die Stimmen von
Marrakesch
Aufzeichnungen nach einer Reise

ASILAH, MAROKKO

VON TUCHOLSKY, BIEBER UND ROSENKOHL

Hasst	Liebt
das Militär	Knut Hamsun
die Vereinsmeierei	jeden tapfern Friedenssoldaten
Rosenkohl	schön gespitzte Bleistifte
den Mann, der immer in der Bahn die Zeitung mitliest	Kampf
Lärm und Geräusch	die Haarfarbe der Frau, die er gerade liebt
»Deutschland«	Deutschland

— **KURT TUCHOLSKY,** »VOSSISCHE ZEITUNG«, 1. JANUAR 1928

Der Bonsai-Kohl ist keiner, der die Massen begeistert. Während die Avocado in der Manier eines Justin Bieber die Reihen kreischen lässt, ergeht es dem Rosenkohl schon eher wie der Polizei, die nach einer Lärmklage für Ruhe sorgen muss.

Auch Kurt Tucholsky, der deutsche Journalist und Schriftsteller, hat nur wenig Sympathien für Rosenkohl. Er ist ihm genauso zuwider wie das Militär, die Vereinsmeierei oder der Mann, der in der Bahn die Zeitung mitliest. Wie ernst es ihm mit seiner Rosenkohl-Aversion ist, zeigt, dass er im gleichen Atemzug das nationalistische Deutschland nennt. Ich habe für den werten Herrn Tucholsky viel übrig, aber ein Gemüse mit dem Militär in einen Topf zu werfen, grenzt schon an dramatische Übertreibung. Ein Gemüse zu hassen, finde ich schon fraglich. Hass passt doch höchstens zur Avocado, Sie wissen schon, die Hass-Avocado. Aber jetzt stiehlt die Avocado dem Kohl schon wieder die Show.

Der Rosenkohl hat sich damit abgefunden, dass er es in puncto Beliebtheit kaum je mit Fleischbällchen oder Erdbeeren aufnehmen kann. Und wenn Fischstäbchen Kinderherzen im Sturm erobern, bleibt er auf der Strecke. Das mag an seiner Bitterkeit liegen, die er seinem hohen Gehalt an Senfölglykosiden zu verdanken hat. So einfach ist es aber nicht. Der Rosenkohl ist keiner, den man mal eben schnell ins gesalzene Wasser kippen kann, und die Belohnung folgt dann von selbst. Der Rosenkohl bedarf etwas mehr Aufmerksamkeit und Hingabe. Man muss wissen, wie er zu behandeln ist. Doch das ist bei pubertierenden Teenies ja auch nicht anders.

Von dem Moment an, als ich dem Rosenkohl das erste Mal einen Urlaub im Ofen gegönnt habe, verliebte ich mich in seinen zwar noch immer kräftigen, aber doch auch sehr ausgewogenen und nussigen Geschmack. Durch die Röstaromen verliert er an Schwere, und der kohlige Kantinenmief kommt ihm gänzlich abhanden. Ich kann mit gutem Gewissen behaupten, wenn Rosenkohl die richtige Behandlung erhält, ist er in der Lage, ein Publikumsliebling zu werden – allen Vorurteilen zum Trotz.

OFENGERÖSTETES HERBSTGEMÜSE MIT SANDDORN-DRESSING

FÜR DAS OFENGEMÜSE

500 g Rosenkohl
½ Spitzkohl
2 kleine Butterrüben
1 kleiner oranger Knirps (Kürbis)
2 Birnen
4 EL Olivenöl
1 EL Zitronensaft, frisch gepresst
grobkörniges Meersalz, Pfeffer aus der Mühle
½ Bund frischer Thymian, Blätter abgezupft
1 – 2 TL flüssiger Honig

FÜR DAS SANDDORN-DRESSING

1 EL Sanddornkonfitüre
1 EL weißer Balsamicoessig
3 EL Haselnussöl
2 EL griechischer Joghurt
1 TL grobkörniger Senf
1 TL flüssiger Honig
grobkörniges Meersalz, Pfeffer aus der Mühle

1 Vom Rosenkohl den Stielansatz entfernen, den Spitzkohl in Schnitze schneiden, die Butterrüben schälen und in Schnitze schneiden, den Kürbis ungeschält in Schnitze schneiden, die Kerne entfernen. Die Birnen vierteln und das Kerngehäuse entfernen.

2 Das Gemüse und die Birnen auf ein mit Backpapier belegtes Blech geben. Mit Olivenöl und Zitronensaft beträufeln, mit Salz und Pfeffer würzen, mit dem Thymian bestreuen und den Honig darüberträufeln. In der Mitte des auf 170 Grad vorgeheizten Ofens mit Umluft 45 bis 50 Minuten garen.

3 Für das Dressing Sanddornkonfitüre, Balsamico, Haselnussöl, Joghurt, Senf, Honig, Salz und Pfeffer mit dem Stabmixer mixen, sodass ein sämiges Dressing entsteht.

4 Das fertig gegarte Ofengemüse mit dem Sanddorn-Dressing beträufeln und mit frischem Brot servieren.

TIPP Viele Kürbissorten lassen sich bestens ungeschält genießen. Bei Knirps und Butternuss können Sie sich die Arbeit also sparen.

KRACHT, KOKOSNUSS UND KAYA-TOAST

Jetzt geht's um Kracht, Kokosnüsse, Kaya-Toast, Kabakon und Kokoswasser.

> »Nackter Kokovorismus ist Gottes Wille. Die reine Kokosdiät macht unsterblich und vereinigt mit Gott.«

Nein, dieser Satz stammt nicht von einer urbanen Yogini mit Faible für Chiapudding, Coco Bliss Balls und Kokoswasser. Dieser Ausspruch kommt von August Engelhardt, auch bekannt als berühmtester Kokovorist. Engelhardt reiste zu Beginn des 20. Jahrhunderts in die Südsee, nach Kabakon, gründete dort eine religiöse Gemeinschaft und entwickelte mit dem Kokovorismus eine Weltanschauung, welche die Kokosnuss im Zentrum hatte. Er ernährte sich vorwiegend von Kokosnüssen und lebte in der Überzeugung, dass der Kokoskonsum den Menschen in einen gottähnlichen Zustand führen könne.

Was absurd klingt, ist idealer Romanstoff, wird sich der Schriftsteller Christian Kracht gesagt haben und hat mit »Imperium« ein viel diskutiertes Werk geschaffen. Über den Kokos-Kokser schreibt er:

> »Engelhardt war, nachdem er durch einen Eliminierungsprozess alle anderen Nahrungsmittel für unrein befunden hatte, unvermittelt auf die Frucht der Kokospalme gestoßen. Es gab gar keine andere Möglichkeit; Cocos nucifera war, so hatte Engelhardt für sich erkannt, die sprichwörtliche Krone der Schöpfung (...).

> Sie wuchs an höchster Stelle der Palme, der Sonne und dem lichten Herrgott zugewandt; sie schenkte uns Wasser, Milch, Kokosfett und nahrhaftes Fruchtfleisch; sie lieferte, einzigartig in der Natur, dem Menschen das Element Selen; aus ihren Fasern wob man Matten, Dächer und Seile, aus ihrem Stamm baute man Möbel und ganze Häuser; aus ihrem Kern produzierte man Öl, um die Dunkelheit zu vertreiben und die Haut zu salben; selbst die ausgehöhlte, leere Nussschale lieferte noch ein ausgezeichnetes Gefäß, aus dem man Schalen, Löffel, Krüge, ja sogar Knöpfe herstellen konnte; die Verbrennung der leeren Schale schließlich war nicht nur jener herkömmlichen Brennholzes bei weitem überlegen, sondern auch ein ausgezeichnetes Mittel, um Kraft ihres Rauches Mücken und Fliegen fernzuhalten, kurz, die Kokosnuss war vollkommen. Wer sich ausschließlich von ihr ernährte, würde gottgleich, würde unsterblich werden.«

Etwas mehr als hundert Jahre später reise ich zwar nicht in die Südsee, aber doch ins ferne Malaysia und treffe da auf eine Offenbarung aus Kokosnuss. Kaya-Toast heißt diese Entdeckung. Kaya ist eine Marmelade aus Kokosmilch, Zucker, Pandan und Eigelb, schmeckt süß, nussig und samtig. Esse ich heute einen Kaya-Toast, versetzt mich schon der erste Bissen wieder in ein unspektakuläres, überbeleuchtetes Fast-Food-Café in Malaysia. Genau eines von der Sorte: Pappbecher, Plastikteller und Personal mit Baseballcap. In einem solchen Lokal aß ich meinen ersten Kaya-Toast. Dazu gibt es Tee Tarik und ein pochiertes Ei. Der Kaya-Toast war Liebe auf den ersten Bissen, und so bedeuten drei Wochen Malaysia auch drei Wochen Kaya-Toast zum Frühstück. Ob im Food Court, an der Tankstelle oder im Fast-Food-Café – egal wo, der Toast schmeckt zuverlässig knusprig, die Kaya-Marmelade süß und vollmundig.

Ich habe den Toast in meiner eigenen Kreation durch ein dunkles, vollwertiges Brot ersetzt und die Pandanblätter, die eigentlich fester Bestandteil davon sind, weggelassen. Mit dem Resultat bin ich mehr als zufrieden. Gottgleich und unsterblich werden Sie vielleicht nicht, wenn Sie Kaya-Toast zum Frühstück essen, ein göttliches Vergnügen und der Heiligenschein dürften aber drin liegen.

KAYA-TOAST

Ergibt 2 Gläser (circa 280 ml Inhalt)

FÜR DIE KAYA

4 Eigelb
200 ml Kokosmilch
50 g Zucker
50 g Kokoszucker

8 Scheiben dunkles Körnerbrot
(z. B. Mehrkornbrot)

1 Die Eigelbe in einer Schüssel mit einer Gabel aufschlagen.

2 Kokosmilch, Zucker und Kokoszucker in einem kleinen Topf auf mittlerer Stufe köcheln, bis sich der Zucker aufgelöst hat.

3 Mit der einen Hand die Eigelbe mit der Gabel schlagen, mit der anderen Hand etwa ein Viertel der Kokosmilchmischung unter stetem Rühren zum Eigelb gießen und gründlich verrühren. Dann die Eigelb-Kokosmilch-Mischung zurück in den Topf gießen und bei geringer Hitze 8 bis 10 Minuten weiter köcheln. Dabei immer gut umrühren.

4 Die Mischung beginnt langsam dicker zu werden. Sollte sie noch zu flüssig erscheinen, macht das nichts, denn sie wird beim Abkühlen noch fester. In Weck- oder Konfitürengläser abfüllen und auskühlen lassen.

5 Jeweils eine Scheibe Brot mit Kaya bestreichen und mit einer zweiten Scheibe Brot bedecken. Im Sandwich-Grill ein paar Minuten grillen. Oder die Sandwiches kurz in einer Brat- oder Grillpfanne rösten.

IM LAND VON DOPPELADLER, AUTOWASCHANLAGEN UND WUNDERSAMEN SALATEN

Wir passieren die Grenze zwischen Montenegro und Albanien. Keine zehn Minuten sind vergangen. Nach kurzer Fahrt auf albanischem Boden spreche ich auch schon mein erstes Albanisch. *Lavazh* ist das erste Wort, das ich so schnell gelernt habe, wie Shaqiri sprintet. *Lavazh* steht für Autowaschanlange, und weil in zuverlässigen Abständen von 150 Metern immer wieder eine Lavazh steht, hätte auch der unmotivierteste Schüler sein Erfolgserlebnis gehabt. Wobei, mein erstes Albanisch ist es nicht, ein paar Fluchwörter beherrschte ich bereits und *te dua,* ich liebe dich. Überbleibsel aus einer Jugend in Zürich Oerlikon. Zurück zu den Waschanlagen, die zwar einfach ausgestattet sind – Schlauch, Lappen und Gummiwischer –, aber von größter Bedeutung zu sein scheinen. Seinem Auto trägt man hier in Albanien Sorge, das ist mir schnell klar.

Doch damit genug der Klischees. Jahrzehntelang von der Außenwelt abgeschottet, klaffen kaum irgendwo sonst Vorurteil und Realität so weit auseinander wie hier. Albanien ist arm. Es ist aber auch reich, reich an landschaftlicher Vielfalt, reich an Bergen, Stränden, herzlichen Menschen und einem mediterranen Lebensgefühl. Ein Klischee bestätigt sich aber doch vehement – der Doppeladler. Dieser ziert hier Badetuch, Aschenbecher, Autowimpel und Baby-Strampler gleichermaßen. Rot-schwarz, wo auch immer man hinsieht. Dafür überrascht Albanien kulinarisch umso mehr. Die süßesten Feigen, guter Wein, umwerfender Burek und Salate, die mich so nachhaltig beeindrucken, dass ich noch heute daran zurückdenke. In einem familiengeführten Lokal im Süden des Landes haben wir gleich drei

Abende in Folge gegessen. Nicht weil die Auswahl an Restaurants hätte zu wünschen übrig lassen, sondern schlicht weil ihre Salatteller so gut waren, dass ich dem Kellner am liebsten jedesmal ein *te dua* hinterhergehaucht hätte. Simple, aber erstklassige Produkte machen diese Salate zu wahren Hinguckern – Tomaten, Feigen, Paprikaschoten, Pfirsiche, Fetakäse. Und dann die Idee, die Salate nach Farben zu präsentieren. Die rote Variante – wahrscheinlich der Liebling der Landsleute, ich erinnere an die Landesflagge – trumpft mit Tomaten, Wassermelone und gegrillter Paprika auf. Ihr grüner Bruder dagegen punktet mit Bohnen, Kohl, Avocado und gegrillter Zucchini und avanciert so zu meinem Favoriten. Natürlich ist Essen nach Farben keineswegs neu, auch wenn der albanische Kellner es mit einem Selbstbewusstsein serviert, als wäre es seine Idee gewesen. Vermutlich hat er einfach schon zu viele Gäste *te dua* hauchen hören.

Auch Paul Austers Romanfigur, die Künstlerin Maria Turner, ernährt sich in seinem Werk »Leviathan« nach Farben: Sie speist jeden Tag anders. Und zwar uni, nix bunt. Sophie Calle, die französische Künstlerin und eine Freundin des Autors, hat für Austers Romanfigur Patin gestanden. Seine Romankünstlerin inspirierte dann wiederum die echte Sophie Calle, die nach dem Erscheinen des Werks sich ebenfalls einer Farben-Diät unterzog. Calle wäre keine Konzeptkünstlerin, wenn nicht selbst aus ihrem Speiseplan Kunst würde. Und diese lässt sich sehen. Puritanisch arrangiert und Ton in Ton kommen ihre Mahlzeiten in ästhetischen Fotografien daher – gelb, weiß, rot, pink. Der Mittwoch beispielsweise ist der Farbe Weiß verschrieben; auf den Tisch und aufs Foto kommen Flunder, Kartoffeln, weißer Käse und Milch. Die Kartoffeln waren Sophie Calle dann doch zu gelb und wurden kurzerhand durch weißen Reis ersetzt. *Think pink* gibt's am Samstag und ist gewöhnungsbedürftig: Die Kombination von Rosé, Erdbeereis, Schinken und Taramosalata macht immerhin fürs Auge einiges her. Taramosalata ist ein griechischer Dip aus Fischrogen, Olivenöl, Zitrone und Mayonnaise, ein traditionelles Mezzegericht, das so unschuldig daherkommt, dass wir fast schon bereuen, an der kulinarischen Qualität dieser Zusammenstellung gezweifelt zu haben. Sophie Calles Farbendiät hat es zwar zu Bekanntheit gebracht, die unifarbenen Salate der Albaner machen geschmacklich aber definitiv mehr her.

Laut der »New York Times« gehört Albanien übrigens zu den Ländern, die ein Mensch im Laufe seines Lebens einmal gesehen haben muss. Von fünfzig Regionen belegt Albanien Platz vier vor allen anderen berühmten europäischen Orten. Wer Albanien bereist, sollte unvoreingenommen hinfahren, bereit sein für außergewöhnliche Überraschungen und wenn immer möglich Salate, Burek und Bohnensuppe essen. Dann wird es so gut, dass Sie mir danken werden für die Lektion *te dua*.

GERÖSTETER ROMANESCO MIT DUKKAH, PINIENKERNEN UND BOHNEN AUF JOGHURTBEET

1 großer Romanesco
2 kleine Zwiebeln
1 Dose oder 1 Glas weiße Bohnen
(Abtropfgewicht 240g)
4 EL Olivenöl
2 EL Zitronensaft, frisch gepresst
2 EL Dukkah (siehe Basics),
zusätzlich etwas mehr zum Garnieren
grobkörniges Meersalz, Pfeffer aus der Mühle

250 g griechischer Joghurt
80 – 100 g Feta
1 Handvoll Microgreens
(z. B. Randen- oder Radieschensprossen)
1 Handvoll Pinienkerne, geröstet

1 Vom Romanesco den Strunk entfernen. Den Romanesco als Ganzen 5 Minuten in Salzwasser blanchieren, abtropfen lassen und in eine große Auflaufform geben. Die Zwiebeln in Ringe schneiden, die Bohnen in einem Sieb unter fließendem kaltem Wasser gut abspülen. Bohnen und Zwiebelringe ebenfalls in die Auflaufform geben. Alles mit Olivenöl und Zitronensaft beträufeln, mit Dukkah, Salz und Pfeffer würzen und in der Mitte des auf 180 Grad vorgeheizten Ofens mit Umluft etwa 30 Minuten garen.

2 Den Joghurt glatt rühren und auf einem großen Teller oder einer Platte verteilen. Romanesco, Bohnen und Zwiebeln darauf anrichten, mit Feta grob zerbröselt, Microgreens und gerösteten Pinienkernen garnieren und zuletzt noch etwas zusätzliches Dukkah darüberstreuen.

WEISSKOHL MIT KICHERERBSEN, GELBEN ZUCCHINI, STEINFRÜCHTEN UND BURRATA

FÜR DEN SALAT

½ Weißkohl
2 gelbe Zucchini
5 EL Sesamöl
3 EL Zitronensaft, frisch gepresst
grobkörniges Meersalz, Pfeffer aus der Mühle
2 TL Currypulver
1 Schuss Weißwein oder Noilly Prat

1 Dose oder 1 Glas Kichererbsen (Abtropfgewicht 220 g)
1 EL Sesamöl
½ EL Zitronensaft, frisch gepresst
½ TL Kurkuma
½ TL gemahlener Kreuzkümmel
2 Pfirsiche
2 Nektarinen
2 Aprikosen
250 g Burrata (z. B. Mini-Burratine)
essbare gelbe Blüten zum Garnieren, nach Wunsch

FÜR DAS DRESSING

40 ml Apfelbalsamico
1 TL Honig
40 ml Olivenöl
40 ml Buttermilch
grobkörniges Meersalz, Pfeffer aus der Mühle
2 – 3 TL Shirin Miso (helle Misopaste, gibt's im Asiashop)
150 g weiche Aprikosen, halbiert, entsteint

1 Den Weißkohl halbieren, in feine Schnitze schneiden und diese in eine große Auflaufform oder auf ein mit Backpapier belegtes Blech geben. Die Zucchini längs in feine Streifen schneiden und ebenfalls mit aufs Blech oder in die Form geben. Das Gemüse mit Sesamöl und Zitronensaft beträufeln, mit Salz, Pfeffer und Currypulver würzen und einen Schuss Weißwein dazugeben. In der Mitte des auf 180 Grad vorgeheizten Ofens mit Umluft 35 bis 45 Minuten garen.

2 Die Kichererbsen in einem Sieb unter fließendem Wasser abspülen und nach Wunsch von den kleinen Häutchen befreien (siehe Seite 17). Die Kichererbsen mit Sesamöl, Zitronensaft, Salz, Pfeffer, Kreuzkümmel und Kurkuma mischen und in eine kleine Auflaufform geben. Nach 15 Minuten Backzeit die Kichererbsen zu Weißkohl und Zucchini in den Ofen geben.

3 Alle Zutaten für das Dressing im Mixer oder mit dem Stabmixer zu einem sämigen Dressing mixen.

4 Pfirsiche, Nektarinen und Aprikosen waschen, halbieren und Steine entfernen. Die Steinfrüchte in einer Grillpfanne oder auch direkt auf dem Grill oder in einer Grillschale 5 bis 10 Minuten rösten.

5 Weißkohl, Zucchettistreifen und Kichererbsen in einer Schüssel oder auf einer Platte vorsichtig mischen. Die grillierten Früchte darauf anrichten und mit Burrate oder Mini-Burratine toppen. Nach Wunsch mit einigen essbaren gelben Blüten garnieren. Mit Salz und Pfeffer abschmecken und mit dem Dressing beträufeln.

KUCHEN UND WOOLF TUN SICH GUT

»Ich habe nur eine Leidenschaft im Leben – Kochen. Ich habe soeben einen richtig guten Ölofen gekauft. Ich kann alles kochen. Ich bin für immer frei von Köchen. Ich habe heute Kalbsschnitzel gekocht und Kuchen gebacken. Ich versichere dir, es ist besser, als diese mehr als idiotischen Bücher zu schreiben.«

Das schreibt Virginia Woolf in einem Brief an ihre Freundin Vita Sackville-West. Woolf, die Schriftstellerin, Literaturkritikerin, Essayistin und ein Aushängeschild der damaligen Frauenbewegung, hat das Backen dem Schreiben soeben vorgezogen. Nicht, dass ich eine Frau wie Virginia Woolf brauche, um das Hobby Kuchenbacken cool zu finden. Nein, so ist es wirklich nicht. Aber ich muss gestehen, dass es dem Backen schon gut bekommt, wenn eine intellektuelle und blitzgescheite Frau wie Virginia Woolf so leidenschaftlich gern gebacken hat. Vielleicht ist es ja auch andersherum. Vielleicht macht das Kuchenbacken die brillante Woolf auch menschlicher, nahbarer und sympathischer. Wie dem auch sei, Kuchen und Woolf, das passt.

Dass Virginia Woolf so gerne in der Küche stand, war zu jener Zeit unüblich für eine Frau aus der gehobenen Mittelschicht. Ihrer Lust hat das kaum geschadet, und im Gegensatz zu ihren schriftstellerischen Werken war sie für ihre Koch- und Backkünste stets voll des Lobes.

Voll des Lobes bin ich für ihren Essay »A Room of One's Own«. Ähnliche Begeisterung vermag aber auch der folgende Feigen-Cake in mir auszulösen, der mit seiner Ricotta-Haube nicht nur ausschaut wie ein Schlagersternchen im Hochzeitskleid, sondern auch schmeckt wie alles, was danach kommt. Feierlich, süß und unverschämt lüstern. Das Geheimnis dieses Techtelmechtels sind – ja, fast enttäuschend bodenständig – getrocknete Feigen.

Getrocknete Feigen sind nicht gerade das, was auf Tinder leichte Vermittlung findet. Doch in Sachen Geschmack gehören sie zu meinen absoluten Lieblingen. Heute, muss ich dazu sagen. Bis zu meinem zwanzigsten Lebensjahr habe ich getrocknete Feigen strikte gemieden. So verdorrt und ausgetrocknet, blassbraun in der Farbe und noch dazu der Ruf der abführenden Wirkung – ich habe sie konsequent ignoriert. Bis ich auf einer Zugfahrt mal getrocknete Feigen angeboten bekam. Weil ich hungrig und der Dörrobst-Herr mein Date war, griff ich zu. Daraus wurde Liebe. Zu den Feigen wie zum Mann.

Virginia Woolf sagte einmal:

> »Man kann nicht gut denken, gut lieben, gut leben, wenn man nicht gut gegessen hat.«

Dieser Feigenkuchen versüßt nicht nur das Leben, er lässt auch ausgezeichnet denken, lieben und schlafen.

FEIGEN-SCHOKOLADEN-CAKE MIT RICOTTA

Für eine Springform
von 24 bis 26 cm Durchmesser

280 g getrocknete Feigen
100 g Sauerrahm
120 g schwarze Schokolade
80 g Haselnüsse, geröstet
100 g Rohrzucker
60 g Butter, geschmolzen
3 Eier
½ TL gemahlener Zimt
½ TL gemahlener Kardamom
60 g Dinkelmehl
120 g gemahlene Haselnüsse
1 EL Backpulver
2 Prisen Salz

FÜR DAS TOPPING

250 g Ricotta
1 EL flüssiger Honig
1–2 Handvoll Haselnüsse, geröstet
flüssiger Honig zusätzlich nach Wunsch

1 Die harten Stielansätze der Feigen entfernen. Die Feigen in eine Schüssel geben, mit circa 200 ml kochendem Wasser übergießen und etwa 30 Minuten quellen lassen. (Das verbleibende Feigenwasser nicht wegschütten, sondern trinken! Es ist gesund und schmeckt ausgezeichnet.)

2 Die nun weichen Feigen mit 2 Esslöffeln des Einweichwassers im Mixer oder mit dem Pürierstab zu einem Püree mixen.

3 Die Schokolade raspeln oder fein hacken (dazu am besten vorher in den Kühlschrank geben). Die ganzen Haselnüsse in einer Pfanne ohne Fett rösten, bis sie zu duften beginnen.

4 Zucker und Butter mit dem Handrührgerät schaumig schlagen, nach und nach die Eier dazugeben. Feigenpüree, Sauerrahm und die Gewürze untermischen.

5 Mehl, gemahlene Haselnüsse, Backpulver und Salz mischen. Die Mehlmischung zur Eimischung geben und vorsichtig unterheben. Die gerösteten Haselnüsse im Mörser etwas zerkleinern und zusammen mit der gehackten Schokolade ebenfalls unterheben; nicht zu lange rühren.

6 Den Teig in die gut gefettete Cake- oder Tortenform füllen. In der Mitte des auf 170 Grad vorgeheizten Ofens bei Umluft 40 bis 45 Minuten backen. Die Stäbchenprobe machen und falls nötig noch ein paar Minuten länger backen.

7 Den Ricotta mit dem Honig glatt rühren und gleichmäßig auf dem ausgekühlten Kuchen verstreichen. Mit gerösteten Haselnüssen garnieren. Den Kuchen mindestens 2 Stunden kühl stellen, damit der Ricotta wieder fester wird. Nach Wunsch kurz vor dem Servieren noch mit etwas flüssigem Honig beträufeln.

DIE REHABILITIERUNG DES NUDELSALATS

Etwas einfallslos, das mag sein.

Ein Indiz für wenig ausgereifte Koch-Skills? – Mutmaßlich.

Spießig? – Womöglich, ja.

Vielleicht ist er aber auch nur das erste Anzeichen des Erwachsenseins. Der an die Party mitgebrachte Teigwarensalat.

Während wir uns in den Teenager-Jahren noch vornehmlich im alkoholischen Sinne um das leibliche Wohl sorgten, tauchen mit dem Älterwerden plötzlich die ersten Frischhaltedosen und Salatschüsseln auf. Gerade noch haben Chips und Salzstangen ihren Dienst vollkommen getan, tummeln sich plötzlich Couscous, Quinoasalat und Speckzopf auf dem Buffet. Spätestens dann, wenn wir auf eine Party eine Schüssel Nudelsalat mitbringen, gehören wir nicht mehr zu den Teens und Twens, sondern sind angekommen im Reich der Erwachsenen. Die Flegeljahre sind Geschichte, der Teigwarensalat ist Gegenwart. Und das ist gut so.

Es ist nämlich ein Vorurteil der verwerflichsten Sorte und falsch, den Nudelsalat mit einer überbordenden Jahreszeitendeko, Gartenzwergen und Aromat in Verbindung zu bringen. Denn wenn man ihn lässt, steht er der Jugendlichkeit von Salzstangen in nichts nach. Er kann durchaus wild und rebellisch. Ja sogar japanisch, aber dazu später.

Sogar der von mir hochgeschätzte syrisch-deutsche Schriftsteller Rafik Schami unterliegt der landläufigen Meinung, beim Nudelsalat die Pasta ausnahmslos mit Erbsen aus der Dose, Würstchen und Mayo zu einer Zwangsheirat verdonnern zu müssen.

»Kein Araber käme auf die Idee, selbst zu kochen oder zu backen, wenn er eingeladen ist. Die Deutschen sind anders. Wenn man sie einlädt, bringen sie stets etwas mit: Eingekochtes vielleicht oder Eingelegtes, manchmal auch selbst gebackenen Kuchen und in der Regel Nudelsalat. Man sagt, wenn man zehn Deutsche einlädt, sollte man mit drei Nudelsalaten rechnen. Warum Nudelsalat, mit Erbsen und Würstchen und Mayonnaise? Wahrscheinlich deshalb, weil man Nudelsalat mit der einen Hand zubereiten kann, während man sich mit der anderen zurechtmacht. Auch nach dreißig Jahren in Deutschland finde ich Nudelsalat noch immer schrecklich.«

— RAFIK SCHAMI,

EINE DEUTSCHE LEIDENSCHAFT NAMENS NUDELSALAT

Sobanudeln haben mit dem deutschen Nudelsalat aus Schamis Alpträumen wenig gemein. Die japanische Interpretation von kalten Teigwaren schmeckt ausgezeichnet, ist gesund und schenkt – so der Volksglaube – ein langes Leben. Soba sind Nudeln aus Buchweizen und gehören in Japan zweifelsohne zum kulinarischen Kulturgut. Neben Udon und Ramen sind Soba die populärste japanische Nudelsorte. Sie entstand im 17. Jahrhundert in Edo, wie Tokio damals hieß, und war ein beliebter Arbeiterimbiss. Soba werden auch warm gegessen, manchmal in einer Suppe, am liebsten aber kalt. Weil sie dann richtig bissfest sind. In Japan heißt das *hagotae,* was soviel bedeutet wie »gut am Zahn« oder eben *al dente.* Dies übrigens ganz im Unterschied zu Udon, die man weich isst. Udon stammen aus der ehemaligen Kaiserstadt Kyoto und gehörten besonders beim Adel auf den Speiseplan. Und der Adel beißt nicht gern.

SOBANUDELSALAT MIT GERÖSTETEM ROTKRAUT, KNUSPRIGEM SESAMTOFU UND TAHINI-DRESSING

FÜR DEN SESAMTOFU

400 g Tofu
4 EL Sojasauce
2 EL Limettensaft
4 EL Mirin
4 EL Mehl
1 Ei, verquirlt
4 Handvoll schwarzer und weißer Sesam, gemischt
Rapsöl zum Braten

FÜR DIE SOBANUDELN

½ Rotkohl
3 EL Sesamöl fürs Rotkraut
1 EL Limettensaft
grobkörniges Meersalz, Pfeffer aus der Mühle
400 g Sobanudeln
Sesamöl für die Nudeln
frischer Koriander und gerösteter Sesam zum Garnieren

FÜR DAS TAHINI-DRESSING

4 EL Tahini
4 EL Zitronensaft
4 EL Olivenöl
2 EL Miso
2 EL kaltes Wasser
1 EL Ahornsirup
grobkörniges Meersalz, Pfeffer aus der Mühle
1 Knoblauchzehe, nach Wunsch

1 Den Tofu in mundgerechte Würfel schneiden und mit Sojasauce, Limettensaft und Mirin mindestens 5 Stunden im Kühlschrank marinieren.

2 Den Rotkohl fein hobeln, mit Sesamöl, Limettensaft, Salz und Pfeffer vermischen. In eine Auflaufform oder auf ein mit Backpapier belegtes Blech geben und in der Mitte des auf 170 Grad vorgeheizten Ofens 40 Minuten garen.

3 Für das Tahini-Dressing alle Zutaten im Mixer zu einem sämigen Dressing mixen. Falls es zu dickflüssig ist, etwas mehr kaltes Wasser oder Olivenöl zugeben.

4 Die marinierten Tofuwürfel zuerst im Mehl, dann im verquirlten Ei und zum Schluss im Sesam wenden, die Sesampanade falls nötig etwas andrücken. Die Tofuwürfel in Rapsöl auf mittlerer Stufe von allen Seiten vorsichtig anbraten.

5 Die Sobanudeln nach Packungsanweisung kochen, abgießen und mit reichlich Sesamöl vermischen, damit sie nicht verkleben. Die Sobanudeln mit dem gerösteten Rotkraut mischen und auf vier Schüsselchen verteilen, mit Tahini-Dressing beträufeln und die Sesam-Tofuwürfel darauf anrichten. Mit frischem Koriander und geröstetem Sesam garnieren. Restliches Tahini-Dressing separat dazu reichen.

DIE NACKTE WAHRHEIT UND DIE BESTEN EIER

Als Halbwüchsige gehörte ich zu jenen, die »Rumhängen« regelrecht professionalisiert haben und daraus ein ernst zu nehmendes Hobby machten. Ob am Bahnhof, im Einkaufszentrum, vor dem Schulhaus oder dem Supermarkt – Rumhängen definierte sich in längerem Verweilen am selben Ort, analog zum Warten, jedoch ohne die Ungeduld. Ab und an haben wir unsere Runde auch nach drinnen verlegt. Am Mittwochnachmittag beispielsweise gab's einen Mädchentreff, zu dem uns die »Bravo«-Zeitschriften köderten. Neugierig und zugleich peinlich berührt, blätterten wir uns durch nackte Körper, Menstruationsbeschwerden und Promi-News. Ich erinnere mich noch an eine Doppelseite Diättipps, auf der eine gazellenbeinige Kate Moss und eine nicht minder wohlgeformte Jennifer Aniston ihre raffinierten Abnehm-Manöver ausplauderten. Madonna, so hieß es da, esse gerne nackt, denn das animiere dazu, viel weniger zu sich zu nehmen. Die freie Sicht auf den sich wölbenden Bauch muss Wirkung haben, staunte ich über diese Rafinesse. Ob Madonna ihre Sushi tatsächlich unverhüllt verzehrte, bleibt ein Geheimnis.

Etliche gut gekleidete Dinners später stoße ich auf eine weitere Legende der Entblößung. Victor Hugo, in Rafinesse und Gerissenheit Madonna womöglich um einiges voraus, habe nicht nackt gegessen, dafür aber geschrieben, heißt es. Seinen Kammerdiener habe er jeweils gebeten, seine Kleider zu verstecken; so konnte er das Haus nicht verlassen, wenn er eigentlich hätte schreiben sollen. Eine Maßnahme so wirkungsvoll, dass daraus große Werke wie »Les Misérables« oder der »Glöckner von Notre Dame« zustande gekommen sind.

Hugos Schreibstrategie war aber nicht seine einzige seltsame Angewohnheit. Er pflegte auch ein besonders einfallsloses Frühstück zu sich zu nehmen. Es bestand aus zwei rohen Eiern und einer Tasse kalten Kaffees, was keines Schriftstellers würdig ist, eines Franzosen erst recht nicht. Rohe Eier klingen eher nach Kraftfutter, denn Genuss. Was bei einem Franzosen besonders verwerflich ist. Als ob er statt den »Bleus« der »Seleção« zurufen würde.

Bei Eiern darf er ruhig bleiben, Eier zum Frühstück sind schließlich wie Eier am Abend, nur besser. Während rohe Eier bei mir ein veganes Time-out auslösen, würde ich für *salted eggs* in den Ring steigen. Tauscht man den kalten Kaffee noch gegen Pancakes aus, wird aus dem unattraktiven Frühstück auf wundersame Weise ein Gaumenschmaus.

Salted Eggs sind eine Spezialität in Malaysia, genauso beliebt aber auf den Philippinen oder in China. Als ich auf Penang das erste Mal ein solches Ei probierte, war das ein kulinarischer Heureka-Moment. Habemus Ei-Geschmack. Die Malaysier essen *salted eggs* zum Frühstück, genauso aber auch zum Abendessen, dazu gibt es Reis. Weil Reis hierzulande als erstes Mahl des Tages wenig etabliert ist, plädiere ich für Pancakes. Süßkartoffel-Pancakes mit Salted Eggs und Salbei sind eine wahre Umami-Parade, und ich bin mir sicher, da hilft Madonna auch der freie Blick auf den wachsenden Bauch nicht mehr – da müsste selbst sie zuschlagen.

SÜSSKARTOFFEL-PANCAKES MIT SALTED EGGS, FETACREME UND SALBEI

FÜR DIE PANCAKES

2 mittelgroße Süßkartoffeln (ca. 300 g)
250 ml Milch
50 g Joghurt
2 Eier
2 EL Olivenöl
100 g Dinkelmehl
50 g Buchweizenmehl
1 EL Backpulver
½ TL gemahlener Ingwer
½ TL gemahlener Zimt
grobkörniges Meersalz, Pfeffer aus der Mühle
1 EL Ahornsirup
Olivenöl zum Braten

ZUM FERTIGSTELLEN

1 Bund Salbei, Blätter abgezupft
etwas Olivenöl
150 g Fetakäse
180 g Naturjoghurt
grobkörniges Meersalz, Pfeffer aus der Mühle
4 Salted Eggs (siehe nächste Seite)

1 Die Süßkartoffeln waschen und mit einer Gabel mehrmals einstechen. In einer kleinen Form in der Mitte des auf 200 Grad vorgeheizten Ofens bei Umluft 35 bis 40 Minuten weich garen. Das Süßkartoffelfleisch aus der Schale lösen, abkühlen lassen und mit einer Gabel zu Mus zerdrücken.

2 Das Süßkartoffelpüree mit Milch, Joghurt, Ahornsirup, Olivenöl und den Eiern gut mischen. In einer zweiten Schüssel Mehl, Backpulver, Gewürze, Salz und Pfeffer mischen. Zur Süßkartoffelmischung geben und alles gut vermengen.

3 Wenig Olivenöl in einer beschichteten Pfanne erhitzen. Pro Pancake 1 kleine Schöpfkelle Teig in die Pfanne geben, gleichmäßig verlaufen lassen und bei mittlerer Hitze auf beiden Seiten je 3 bis 4 Minuten goldbraun braten.

4 Die Salbeiblätter in einer Bratpfanne in reichlich Olivenöl auf mittlerer Stufe ausbacken. Dafür nicht am Olivenöl sparen, sonst verbrennen sie und werden nicht knusprig.

5 Feta und Joghurt mit wenig Salz, Pfeffer und etwas Olivenöl pürieren.

6 Die Süßkartoffel-Pancakes mit frittiertem Salbei, Fetacreme und Salted Eggs servieren.

SALTED EGGS

1 l Wasser
500 g Salz
12 Eier

1 Wasser und Salz in einen Topf geben und zum Kochen bringen, dann auf mittlerer Stufe so lange köcheln lassen, bis sich das Salz aufgelöst hat. Das kann gut und gerne 10 Minuten dauern.

2 Das Salzwasser in ein großes Weckglas oder ein anderes gut verschließbares Gefäß füllen. Die rohen Eier vorsichtig hineingeben. Alle Eier müssen vollständig mit dem Salzwasser bedeckt sein. Die Eier 14 bis 20 Tage an einem dunklen Ort aufbewahren.

3 Die Eier aus der Lake nehmen und etwa 8 bis 9 Minuten zu harten Eiern kochen. Kalt abspülen und samt der Schale mit einem scharfen Messer halbieren.

TIPP Natürlich kann auch eine kleinere Menge Eier zubereitet werden. Es empfiehlt sich aber, gleich eine größere Anzahl Eier einzulegen. Denn sie halten sich gut und können ab der dritten Woche nach Belieben zu Currys, auf Salat oder wie hier mit Pancakes genossen werden.

LJUBLJANA, SLOWENIEN

LISTEN, LASTER UND PIZZA

Regisseur Elia Kazan, Schriftsteller Arthur Miller, Sänger Yves Montand und Großhirn Albert Einstein – all diese Männer haben es auf die Liste »Männer, mit denen ich eine Affäre will« von Marylin Monroe geschafft. Im Nachhinein darf man sagen, Hut ab vor der Dame – bis auf Einstein hat sie es mit allen zu einem Techtelmechtel gebracht. Listen gilt es schließlich abzuarbeiten.

Johnny Cashs Liste war keine der Sorte »Abarbeiten«, viel eher ging es darum, nicht aus den Augen zu verlieren, was wichtig ist. Seine Liste liest sich wie folgt: Punkt eins: nicht rauchen. Punkt zwei: June küssen. Punkt drei: niemand anderen küssen.

Listen faszinieren. Die besten Brunch Places, die schönsten Strände, die rührendsten Liebesfilme oder Bücher, die man gelesen haben sollte. Der italienische Schriftsteller und Philosoph Umberto Eco hat sogar ein ganzes Buch über die Faszination der Liste geschrieben – woher sie stammt, wie sie die Menschen beeinflusst und unsere Kulturgeschichte prägt.

Ich liebe Einkaufslisten. Auch wenn sie es selten bis zum Einsatz schaffen. Sie finden ihr Ende meist dort, wo sie auch ihren Anfang nahmen, auf dem Küchentisch. Es geht um den Moment des Schreibens. Das hat was Beruhigendes. To-do-Listen gehören ebenfalls zu meinen treuen Begleitern – und auch bei ihnen ist ihre Entstehungsgeschichte von wesentlich größerer Bedeutung als das finale Produkt.

Eine weitere Liste, die mich begleitet wie der Kleiderroller in meiner Handtasche, ist die »What to eat next«-Liste. Zu Deutsch: »Was esse ich als Nächstes«. Während sie auf Englisch nach einer angesagten Netflix-Serie klingt, erinnert die deutsche Variante eher an eine Erinnerungsstütze auf der Demenzabteilung. Daher bleibe ich bei der englischen Fassung. Laufend kommen neue Dinge dazu, oder es fallen Gerichte weg, die ich unterdessen ausprobiert habe. In Ljubljana hat sich Pinsa hemmungslos selbstbewusst an die Spitze der Liste gedrängt. Pinsa ist eine ursprünglich aus Rom stammende Sauerteig-Pizza. Sie ist luftiger, bekömmlicher als die normale Pizza. Aber das allein ist nicht der Grund, wieso sie jeden halbwegs interessierten Pizzaesser umhauen sollte. Ihr Teig ist dank einer Mischung aus Reis-, Soja- und Weizenmehl knusprig wie eine frische Semmel; belegt wird sie erst nach dem Backen, das dann aber reichlich. Frischer Ricotta, saftige Feigen, würziger Schinken, so serviert in Ljubljana. Dass ich bis nach Slowenien fahren muss, um auf diesen italienischen Trumpf zu stoßen, tut der Entdeckung keinen Abbruch.

Roland Barthes erstellte eine Liste mit Dingen, die er besonders mochte. Salat, Zimt, Käse, Gewürze, all das zählte der Philosoph und Literat zu seinen Lieblingen. Rocker, Frauen in langen Hosen, Geranien, das Cembalo und Erdbeeren müssen sich hingegen mit einem Platz auf seiner »Dislike«-Liste begnügen. Eine ähnliche Liste hat die amerikanische Schriftstellerin Susan Sontag angefertigt. Sie schrieb in ihrem Tagebuch, dass sie einen Zwang verspüre, Listen zu erstellen, die Dinge niederzuschreiben, um ihnen Existenz zu geben. Und hielt fest, was sie mochte und was sie nicht mochte.

> »Dinge, die ich nicht mag: alleine in einer Wohnung schlafen, kaltes Wetter, Paare, Fussballspiele, Schwimmen, Sardellen, Schnurrbärte, Katzen, Regenschirme, fotografiert zu werden, Süßholzgeschmack, Haare waschen (oder waschen lassen), eine Armbanduhr tragen, einen Vortrag halten, Zigarren, Briefe schreiben, duschen, Robert Frost, deutsches Essen.
> Dinge, die ich mag: Elfenbein, Pullover, Architekturzeichnungen, Urinieren, Pizza, Übernachten in Hotels, Büroklammern, die Farbe Blau, Ledergürtel, To do Listen, Schlafwagen, Rechnungen bezahlen, Höhlen, Eislaufen beobachten, Fragen stellen, Taxis nehmen, Beniner Kunst, grüne Äpfel, Büromöbel, Juden, Eukalyptusbäume, Taschenmesser, Aphorismen, Hände.«

Susan Sontag mag also Pizzen und Aphorismen. Das zeugt von Geschmack. Und sie mag es, zu urinieren. Das zeugt von Ehrlichkeit. Darum hat Susan Sontag eine Pinsa-inspirierte Pizza verdient – ohne Sardellen, versteht sich, dafür mit reichlich grünem Apfel.

PIZZA MIT SPINAT, ZUCCHINI, GORGONZOLA UND GRÜNEM APFEL

FÜR DEN TEIG

200 g Spätzle- oder Knöpflimehl
250 g Weißmehl
10 g Salz
20 g Honig
5 g frische Hefe
3 EL Olivenöl
350 ml kaltes Wasser

FÜR DEN BELAG

2 Zucchini
Olivenöl zum Bestreichen
1 gelbe Zwiebel
2–3 Handvoll frischer Spinat
150 g Gorgonzola
1 Granny-Smith-Apfel
150 g Ricotta
grobkörniges Meersalz, Pfeffer aus der Mühle

Crema di Balsamico zum Servieren, nach Wunsch
etwas flüssiger Honig zum Servieren, nach Wunsch

1 Spätzlemehl, Weißmehl, Salz, Honig, Hefe, Olivenöl und kaltes Wasser in einer großen Schüssel verrühren. Nicht kneten. Den Teig mit Frischhaltefolie abdecken und bei Zimmertemperatur 8 Stunden gehen lassen.

2 Den Teig auf ein mit Backpapier belegtes Blech geben, mit Olivenöl beträufeln, vorsichtig auseinanderziehen und zu einer ovalen oder runden Form drücken. Wieder mit Frischhaltefolie abdecken und weitere 45 Minuten gehen lassen.

3 Die Zucchini in hauchdünne Streifen hobeln, mit Olivenöl bestreichen und in eine Auflaufform geben. 20 Minuten im auf 150 Grad vorgeheizten Ofen garen. Die Zwiebel fein gehackt in etwas Öl glasig dünsten, den tropfnassen Spinat dazugeben und 5 Minuten blanchieren.

4 Sobald die Zucchini gar sind, aus dem Ofen nehmen und die Ofentemperatur auf 220 Grad erhöhen. Mit den Fingerkuppen Vertiefungen in den Teig drücken und diesen etwa 20 Minuten in der Mitte des Ofens backen.

5 Dann den Spinat darauf verteilen, den zerbröckelten Gorgonzola und die Zucchini daraufgeben. Nochmals nun bei 200 Grad 2 bis 3 Minuten backen. Den Apfel in feine Schnitze schneiden und zum Schluss zusammen mit Ricottaflocken darauf verteilen. Mit Meersalz und Pfeffer würzen. Wer mag, beträufelt die Pizza mit etwas Crema di Balsamico – der süße Essig passt wunderbar dazu.

MERCATO DI SANT'AMBROGIO, FLORENZ, ITALIEN

URO
KILO

DAS GUTE KOMMT ÜBER NACHT

»Bei all ihrer schicken Magerkeit, strahlte sie eine Haferflocken-Gesundheit aus, eine Seifen- und Zitronen-Reinlichkeit, und auf ihren Wangen lag eine raue Röte. Sie hatte einen großen Mund und eine Stupsnase. Eine Sonnenbrille verbarg ihre Augen. Es war ein Gesicht, das nicht mehr ganz in der Kindheit zuhause war und schon einer Frau gehörte.«

— **TRUMAN CAPOTE**, BREAKFAST AT TIFFANY'S

Truman Capote findet für die Beschreibung seiner Protagonistin Holly Golightly im Roman »Breakfast at Tiffany's« ausgesprochen schöne Worte. Sogleich sehe ich Audrey Hepburn vor mir mit Hochsteckfrisur und großer Brille, die Holly in der Verfilmung des Stoffes ihr Gesicht gegeben und sie so verkörpert und geprägt hat. Audrey, die klassische Schönheit mit ihrer kindlichen Stupsnase und den rosarosten Wangen, feingliedrig und zart. Aber weder verletzlich noch schwach, sondern blühend und unverbraucht. Oder eben mit einem Haferflocken-gesunden Aussehen, wie es Capote so treffend formuliert hat. Unverzüglich muss ich an Porridge denken, an das Köstlichste überhaupt, das Haferflocken hervorbringen können. Wer sich einmal auf Porridge einlässt, wird ihm ein Leben lang treu bleiben. Das ist eine Liebe mit Tiefgang. Und erfreulicherweise eine sehr unerwartete. Porridge schaut weder besonders lecker, geschweige denn ansehnlich aus. Ein Brei, eine bräunliche Pampe gar, glibberig und weich. Wenn das Auge tatsächlich immer mitessen würde, hätte der Porridge einen schweren Stand. Hat er aber nicht. Anhänger und

Porridge-Liebhaber auf der ganzen Welt essen, brauchen und schätzen ihn. Es ist ein bisschen wie mit den Keksen aus dem Piemont mit dem wohlklingenden Namen *Brutti ma buoni,* was soviel heißt wie »hässlich, aber gut«. Das trifft auch auf den Porridge ziemlich genau zu. Spätestens hier enden aber die Gemeinsamkeiten zwischen Porridge und Audrey.

Audrey Hepburn zierte einst meine Teenie-Zimmerwand. Schwarz-weiß, mit Dutt, ellenlanger Zigarettenspitze und tellergroßer Sonnenbrille. Zur selben Zeit, wie Audrey über meine Hausaufgaben und meine ausufernden Telefongespräche wachte, konnte ich Stunden damit zubringen, Charaktertypen-Tests auszufüllen. Keine Mädchenzeitschrift ohne Antwort auf die brennende Frage, welcher Ayurveda-, Schlaf- oder Kuss-Typ ich sei. Die Fragen waren banal, die Antworten genauso. Und in jedem Fall wusste ich bei der Auswahl bereits, welche Antwort ich wählen musste, um zuverlässig zum leidenschaftlichen Flirt-Typ zu gehören. Das Spiel war ein durchschaubares. Zweifelsohne habe ich während meiner Teenie-Test-Zeit auch mindestens einen Frühstücks-Typen-Test absolviert. Vielleicht war das die Wende. Denn ich wusste schon früh, dass ich mich in dieser Sache nicht festlegen lassen will. Am Morgen vor der Wanderung bin ich der Porridge-Typ, am Sonntag die Pancake-Liebhaberin und am Montag eine Marmeladenbrot-Verfechterin.

Zugegeben, Porridge ist fast immer eine hervorragende Wahl. Er ist schier grenzenlos wandelbar. Geröstete Nüsse, frische Früchte, Coulis oder Nussmus – Ihren Vorlieben sind so gut wie keine Grenzen gesetzt. Etwas weniger bekannt, aber nicht minder schmackhaft ist die Variante des pikanten Porridge. Wer am Morgen eher der »salzige Typ« ist, dem sei diese ans Herz gelegt. Natürlich nur, wenn Sie diese Typenzuordnung in einer Zeitschrift bereits wissenschaftlich ermittelt haben.

Mit einigen Toppings ist der Porridge im Handumdrehen auch optisch ein ganz passabler Kandidat und geschmacklich so oder so kaum mehr zu bremsen.

OVERNIGHT OATS
MIT RHABARBERTOPPING UND DATTEL-MISO-KARAMELL

150 g Haferflocken
375 ml Hafer- oder Mandelmilch
1–2 EL Ahornsirup oder flüssiger Honig

FÜR DAS RHABARBER-TOPPING
4 Stangen frischer Rhabarber
oder 400 g tiefgekühlter
3 bis 4 EL Kokosblütenzucker
1 Messerspitze ausgekratztes Vanillemark

Dattel-Miso-Karamell (siehe Basics)
Mandel-Kokos-Nussbutter (siehe Basics)
hausgemachtes Tahini-Granola, nach Wunsch
Pistazien, geröstet, nach Wunsch

1 Die Haferflocken mit der Hafer- oder Nussmilch übergießen, Honig oder Ahornsirup beigeben und umrühren. Über Nacht im Kühlschrank quellen lassen.

2 Für das Topping den Rhabarber in 1 cm lange Stücke schneiden und mit etwas Wasser und dem Kokosblütenzucker einige Minuten zu einem Kompott köcheln. Mit TK-Rhabarber genau gleich verfahren. Das Vanillemark hinzufügen.

3 Die gequollenen Haferflocken auf Schüsselchen verteilen, mit Rhabarberkompott toppen und mit Dattel-Miso-Dattelkaramell und Mandel-Kokos-Nussbutter garnieren. Wer mag, reichert das Ganze noch mit hausgemachtem Granola (z. B. Halva-Granola) und/oder gerösteten Nüssen an.

OVERNIGHT OATS
MIT KIRSCHEN UND SCHOKO-NUSS-AUFSTRICH

150 g Haferflocken
375 ml Hafer- oder Mandelmilch
1–2 EL Ahornsirup oder flüssiger Honig

FÜR DAS KIRSCHEN-TOPPING

400 g frische Kirschen
1 EL Honig
Pekannussmus (siehe Basics)
Schoko-Nuss-Aufstrich (siehe Basics)
1 Handvoll geröstete Pistazien zum Garnieren

1 Die Haferflocken mit der Hafer- oder Nussmilch übergießen, Honig oder Ahornsirup beigeben und umrühren. Über Nacht im Kühlschrank quellen lassen.

2 Für das Topping die Kirschen halbieren, entsteinen und in wenig Wasser mit dem Honig 8 bis 10 Minuten pochieren.

3 Die gequollenen Haferflocken auf Schälchen verteilen, mit pochierten Kirschen, Nussmus und Schoko-Nuss-Aufstrich toppen und mit zerstoßenen, gerösteten Pistazien garnieren.

SAVORY OATS

1–2 EL Misopaste
400 ml kochendes Wasser
150 g Haferflocken
200 g Brokkoli
120 g Champignons
1 EL Sesamöl
4 marinierte Eier mit Soja oder Randensaft (siehe Basics)
Zwiebel- oder Randen-Pickles (siehe Basics)
gerösteter Sesam

1 Die Misopaste in kochendem Wasser auflösen, die Haferflocken dazugeben und einige Stunden quellen lassen.

2 Den Brokkoli in Röschen teilen und in Salzwasser einige Minuten bissfest blanchieren. Die Pilze in Scheiben schneiden und im Sesamöl anbraten.

3 Die Haferflocken vor dem Servieren erwärmen, auf 4 Schalen verteilen. Brokkoli, Pilze und je ein halbiertes Ei darauf anrichten. Mit gepickelten Zwiebeln und geröstetem Sesam toppen.

SEOUL, SÜDKOREA

VON MAMUSCHKAS UND MAYONNAISE

»Meine Beziehung zu meiner Mutter war immer sehr liebevoll. Wir sind uns nie in die Quere gekommen und haben uns immer geholfen. Egal, in was für eine schwierige Situation ich geriet, stets kam meine Mutter mit einem Glas voll gekochter Kartoffeln mit Petersilie an und hat mich gefüttert. Ob ich es nun im Pionierlager wegen zu strenger Disziplin nicht aushalten konnte oder in der Armee. Dort war ich an einem Raketenabwehrstützpunkt stationiert, und wir dürften überhaupt keinen Besuch haben, weil es ein geheimes Objekt war. Aber im Wald hatten wir an einer Stelle Stacheldraht auseinandergerissen, und da kroch meine Mutter im Schnee mit einem Glas Petersilienkartoffeln hindurch. Das habe ich sehr geschätzt.«

— WLADIMIR KAMINER,

IN EINEM INTERVIEW IN DER »FRANKFURTER NEUE PRESSE«

Wladimir Kaminer, der in Moskau geboren und aufgewachsen ist, lebt heute in Berlin und hat mit seinem Buch »Russendisko« ein Millionenpublikum erreicht. Das Bild der russischen Mamuschka mit ihrem Kartoffelglas am Zaun finde ich derart herzergreifend, dass ich Ihnen hier ein weiteres Kartoffelrezept aufschwatzen muss. Es ist ein Kartoffelsalat. Wenn Sie bei Kartoffelsalat an eine unsägliche dicke Mayonnaise denken, dürfen Sie aufatmen. Dieser Kartoffelsalat kommt ganz ohne Mayo aus, dafür mit umso mehr Kräutern und einem Hauch Japan. Wobei die Mayo nicht der Japaner wegen gestrichen wird. Japan und Mayo – das ist eine ernsthafte Liebschaft.

Eine Tube, eigens für Mayonnaise entworfen, gehört in Japan in jeden Haushalt. Der Clou dabei: Die Tube verfügt über vier feine Öffnungen, sodass mit einer simplen Handbewegung eine vierspurige Mayo-Straße über das Okonomiyaki oder die Takoyaki gezeichnet werden kann. In Tokyo gibt es sogar ein Museum, das sich ganz und gar der fetthaltigen Emulsion verschrieben hat.

Das Japanische an diesem Kartoffelsalat sind jedoch die Edamame, jene kleinen grünen Böhnchen, die es hierzulande im Sushi-Restaurant zur Einstimmung gibt. Edamame in Japan sind wie die hiesigen Erdnüsse und werden stets zu Bier gereicht – mit reichlich Salz bestreut, helfen sie auch, tüchtig über den Durst zu trinken.

Natürlich ist Kartoffelsalat ohne Mayonnaise keineswegs eine neue Erfindung. Die Schwaben und auch die Wiener machen ihn seit jeher nicht anders. Doch der Mayo-Graben trennt diese Regionen vom Rest der Welt. In Spanien, in Frankreich und bereits im Norden Deutschlands ist der Kartoffelsalat ohne Mayo keines Gedankens würdig. Die Spanier genießen ihre Kartoffeln in Salatvariante bevorzugt als Russischen Salat, wobei Karotten, Thunfisch, Erbsen und eben Mayonnaise nicht fehlen dürfen. Die Franzosen – mit reichlich Stolz gesegnet – hüten sich davor, *Salade russe* zu essen; sie reichern ihren Kartoffelsalat mit Äpfel, Birnen, Champignons und Essiggurken an und nennen ihn vornehm nach dem lateinischen Wort für »durcheinander«, *caribaria, Salade Charivari.* Die Mayonnaise im Dressing versteht sich von selbst.

Sozialisiert in einem Kartoffelsalat-ohne-Mayo-Haushalt, staune ich nicht schlecht, als ich in meilenweiter Entfernung von norddeutscher Hausmannskost und amerikanischen Fast-Food-Gelüsten einen Kartoffelsalat vorgesetzt bekomme, der alle bisherigen Mayonnaise-Intermezzi in den Schatten stellt. Das ist in Südkorea. Koreanischer Kartoffelsalat gleicht viel eher einem Kartoffelmus, das von sämiger Mayonnaise durchzogen ist wie eine gut gemachte Strähnchenfrisur mit Farbe. Der Kartoffelsalat ist mild. Das fällt vor allem auf, weil in Korea bis dahin nur die Desserts nicht scharf waren. Zudem luftig und keineswegs lauwarm, wie ich es mag, sondern kalt. Der Kartoffelstampfberg ist großzügig gelb beschneit. Erst als ich skeptisch koste, erkenne ich das Eigelb, das hier über den Salat geraspelt wurde. Auch wenn diese Art Kartoffelsalat gewöhnungsbedürftig anmutet und ich eben erst noch gegen Mayo gewettert habe, fasziniert mich diese Version mit dem avantgardistischen Ei. Und wenn ich dann noch etwas zum Hinunterspülen brauche, gibt es in Korea stets Soju in Reichweite. Der hochprozentige Schnaps ist das soziale Schmiermittel und wird überall da getrunken, wo müde Koreaner munter werden wollen. Oft ist er billiger zu haben als Wasser, und wie dieses wird er auch getrunken.

Letztendlich ist die Mayonnaise-Debatte doch nicht so entscheidend, wie ich immer glaubte. Die Faszination Kartoffelsalat liegt woanders. Nämlich in der banalen Erkenntnis, dass dies eines der seltenen Gerichte ist, das über den ganzen Erdball hinweg gekocht, gegessen und geschätzt wird. Kaum ein anderes Gericht ist derart global aufgestellt. Von Korea über Russland bis nach Europa und in die USA, mit einem Abstecher nach Australien oder Südafrika – überall gibt es ganz eigene Interpretationen, wie Kartoffeln in einem Salat zu sein haben.

Auch wenn ich keine Anhängerin von Fusion-Food bin, habe ich hier nun überzeugt verschiedene Einflüsse gemischt. So flirten in dieser Kartoffelsalat-Version japanische Edamame mit mediterranem Pesto, orientalische Minze mit russischem Dill, und wenn dazu Soju getrunken wird, ist das Fusion-Food in seiner reinsten Form. Und Kaminers Petersilie macht daraus erst noch eine Familienangelegenheit.

KARTOFFELSALAT MIT EDAMAME UND PISTAZIENPESTO

FÜR DEN SALAT

800 g kleine Frühkartoffeln
4 EL Olivenöl
grobkörniges Meersalz, Pfeffer aus der Mühle
350 g Edamame (grüne Sojabohnen), geschält, tiefgekühlt (aus dem Asialaden)
1–2 EL weißer Balsamicoessig
½ Bund Pfefferminze
½ Bund Dill
½ Bund Petersilie
1 Handvoll Pistazien, geröstet und zerstoßen, zum Garnieren

FÜR DAS PISTAZIENPESTO

100 g Basilikum
60 g Pistazien
30 g Parmesan, frisch gerieben
ca. 100 ml Oliven- oder Pistazienöl
grobkörniges Meersalz, Pfeffer aus der Mühle

1 Die Kartoffeln waschen, halbieren, mit Olivenöl, Salz und Pfeffer mischen und in eine große Auflaufform oder direkt auf ein mit Backpapier belegtes Blech geben. In der Mitte des auf 180 Grad vorgeheizten Backofens mit Umluft 40 bis 45 Minuten garen; sie sollten gar, aber nicht zu weich sein. Die tiefgekühlten Edamame in Salzwasser 5 bis 8 Minuten blanchieren, kalt abschrecken.

2 Für das Pesto das Basilikum von groben Stielen befreien. Die Pistazien in einer Pfanne ohne Fett rösten, bis sie zu duften beginnen. Einige Pistazien für die Garnitur beiseitelegen. Basilikum, Pistazien und geriebenen Parmesan in der Küchenmaschine (Blitzhacker) pürieren. Mit Olivenöl auffüllen und mit Salz und Pfeffer abschmecken. Das Pesto kann – wenn es immer mit genügend Olivenöl bedeckt ist – ohne Weiteres einige Wochen im Kühlschrank aufbewahrt werden.

3 Die Ofenkartoffeln mit den Edamame mischen, reichlich Pesto und den Balsamicoessig darunterziehen. Pfefferminze, Dill und Petersilie fein hacken, etwas davon für die Garnitur beiseitelegen. Sobald die Kartoffeln etwas ausgekühlt sind, die gehackten Kräuter untermischen. Den Kartoffelsalat mit gerösteten Pistazien und den beiseitegelegten Kräutern garnieren. Am besten lauwarm genießen.

ORWELL PREIST PIE, PANCAKES UND PLUMCAKE

England war für mich lange Zeit in erster Linie die Heimat der Spice Girls. Das hat gereicht, um auf meiner gedanklichen Landkarte wahrgenommen und hoch geachtet zu werden. Dann natürlich die Männer – erst Mister Bean, dann Harry Styles oder David Beckham. Und ja, auch der Ruf der miserablen englischen Küche hat es bis zu mir geschafft. Und dieser Ruf hält sich wacker, obwohl eigentlich klar ist, dass Pie, Pudding und eine erstklassige Londoner Food-Szene längst das Gegenteil bewiesen haben.

Dennoch möchte ich hier keinerlei Anstrengung unternehmen, die britische Küche im Allgemeinen von ihrem Stieftochterdasein zu befreien. Das überlasse ich lieber dem guten Herrn Orwell. Zu schwer wiegt mein Unverständnis dafür, Minze ohne jegliches Feingefühl für dieses Kraut mit Schokolade zu kombinieren. Die Paarung von Minze und Schokolade in den unsäglichen »After Eights« kommt für mich einer Zwangsheirat gleich.

George Orwell ist vielleicht nicht eben neutral, aber trotzdem ziemlich überzeugend, wenn er versucht, die britische Küche aus der Ecke zu holen, wo verkochtes Gemüse und Dosen-Ravioli schmusen. Orwell, der große englische Schriftsteller, der mit seinem Roman »1984« Weltruhm erlangte, schrieb nicht nur Literatur für den Kanon, sondern auch Plädoyers für die englische Küche. 1945 verteidigt er diese in seinem im »Evening Standard« publizierten Essay »In Defence of English Cooking« mit Herzblut und Blutwurst. Zu den Highlights der englischen Küche gehören Kippers, Yorkshire Pudding, Devonshire Cream und Muffins. Genauso Christmas Pudding,

Melasse Tarte, Plumcake, Safran Buns und die exzellenten Shortbreads. Auch Kartoffeln, Äpfel, besonders Cox Orange, und nicht zu vergessen der hervorragende Stilton-Käse. Weiter erwähnt er das gute Brot, Marmeladen und Süßgurken, von denen es nirgendwo auf der Welt eine ähnliche Auswahl gebe. Wer einmal länger im Ausland lebe, würde schon bemerken, dass eine Reihe von englischen Delikatessen nirgends sonst zu bekommen seien.

Nach diesen durchaus überzeugenden Worten beauftragte der britische Council Orwell, einen weiteren Artikel über die englische Küche zu schreiben, in der Absicht, damit mehr europäische Touristen nach England zu locken. »English Cooking« sollte dieser Essay heißen und funktionieren wie heutzutage die Influencer. Orwell versagte jedoch als Marktschreier, der Artikel »English Cooking« wurde nie veröffentlicht. Auf über zwanzig Seiten schreibt er über Porridge und Kartoffeln, schwärmt von Äpfeln und Biskuits, analysiert Teegewohnheiten und kritisiert die Puddings genauso wie den nachlässigen Umgang mit dem – qualitativ eigentlich ausgezeichneten – englischen Gemüse. Orwell ist kein kulinarischer Nationalist, der, von Sonntagsbraten und Cheddar geblendet, uneinsichtig romantisiert, sondern ein guter Beobachter, der so ehrlich für seine Vorlieben schwärmt, wie er Kritik übt.

Heutzutage gibt es sie auf der Insel zuhauf, gute Küche und gute Köche. Heston Blumenthal, Gordon Ramsey, Ruth Rogers oder Rick Stein sind nur einige Beispiele. Die Dichte an erstklassigen Restaurants ist in London so hoch wie die Regenwahrscheinlichkeit im Januar. Und das hat sich herumgesprochen. Wie viel Herr Orwell dazu beigetragen hat, bleibt unbeantwortet. Ganz unbeteiligt war er daran bestimmt nicht. Und wenn's alleine die Tatsache ist, dass ich damit begonnen habe, Stilton zu essen.

Für diesen Pie gibt es keinen Deckel, weil das Wurzelgemüse viel zu hübsch ist, um es zu verstecken. *The Naked Pie,* wenn Sie so wollen. Seine Zubereitung ist denkbar einfach: fertigen Blätterteig kaufen, mit haufenweise guten Zutaten belegen und den englischen Stilton nicht vergessen. Donna Hay, Sie wissen schon, die cleane Köchin aus Australien, meinte mal, das Leben sei zu kurz, um Blätterteig selbst zu machen. Wie Recht sie doch hat.

NAKED PIE
MIT RANDEN, SPINAT, CHEDDAR UND STILTON

Für eine runde Spring- oder Pieform
von 24 – 26 cm Durchmesser

1 rund ausgerollter Blätterteig
Butter zum Fetten
3 mittelgroße Randen (Rote Beten)
2 rote und 2 gelbe Zwiebeln
2 EL Olivenöl
1 EL Balsamicoessig
grobkörniges Meersalz, Pfeffer aus der Mühle
300 g frischer Spinat
1 EL Olivenöl, um den Spinat zu dünsten

FÜR DEN GUSS

3 Eier
150 ml Vollrahm (Sahne)
100 g griechischer Joghurt
1 Bund Dill, gehackt
1 Bund Schnittlauch, gehackt
½ Bund Petersilie, gehackt
150 g Cheddar

100 g Stilton

1 Die Spring- oder die Pieform gut einfetten, den Blätterteig hineinlegen und andrücken; die überhängenden Ränder abschneiden, den Boden mit einer Gabel einstechen. Mit Frischhaltefolie abdecken und 30 Minuten kühl stellen.

2 Die Randen und die Zwiebeln schälen und in feine Schnitze schneiden. Mit Öl, Essig, Salz und Pfeffer mischen, auf ein Blech oder in eine Auflaufform geben und in der Mitte des auf 180 Grad vorgeheizten Ofens etwa 30 Minuten garen.

3 Den Spinat waschen und trocken schleudern. In einer Pfanne Öl erhitzen, den Spinat zugeben und nur gerade eine halbe Minute zusammenfallen lassen. Gut ausdrücken.

4 Für den Guss die Eier mit Rahm, Joghurt, Dill, Schnittlauch und Petersilie mischen, mit Salz und Pfeffer würzen. Den Cheddar fein reiben und unterheben.

5 Den Teigboden mit dem Randen-Zwiebel-Gemüse und dem Spinat belegen. Den Guss darübergießen. Den Stilton würfeln und auf dem Gemüse verteilen, leicht hineindrücken.

6 Den Pie im vorgeheizten Ofen bei 180 Grad mit Ober- und Unterhitze 50 bis 60 Minuten backen.

JAMEH MOSCHEE, YAZD, IRAN

DOOGH, SALZIGES JOGHURTGETRÄNK

YAZD, IRAN

PERSISCHE PARTY

»Hello my firend«, lese ich in der Chat-Funktion bei Instagram. Die Zeilen sind von Motjiba, einer Bekanntschaft, die ich während einer Iranreise gemacht habe. Ich schmunzle, bin mir den Ausdruck *firend* aber gewohnt und weiß, dass er *friend* meint. Er bittet mich um Hilfe. Ein iPhone soll ich ihm kaufen, denn im Iran sind die Sanktionen derart schwerwiegend, dass solche Produkte kaum mehr zu bekommen sind. Er würde mir im Gegenzug ein halbes Kilogramm Safran besorgen, das ich selber verwenden oder in der Schweiz zu viel Geld machen könne. Von seiner Idee vollkommen angetan, hat er keine Vorstellung davon, dass solches hierzulande eher ungewöhnlich wäre und nicht nur mir die Risikobereitschaft fehlt, sondern den Schweizern auch die Verwendungszwecke für so viel Safran. Wir haben das gelbe Gold hierzulande tütchenweise im Angebot. Gerade so viel, dass damit ein Topf Risotto für Gäste veredelt werden kann. Aus der Business-Idee und seinem iPhone wird vorerst nichts, sein *firend* bleibe ich trotzdem.

Kennengelernt haben wir uns bei *Ab Havji Bastani* in Isfahan. *Ab Havji Bastani* ist der Eisbrecher schlechthin. In einem großen Plastikbecher frisch gepressten Karottensafts schwimmt eine Kugel Softeis und schmilzt langsam vor sich hin. Was sich gewöhnungsbedürftig anhört, schmeckt wie persische Hochkultur im Eisbecher. Nachdem Motjiba und sein Freund, ein iranischer Radiomoderator, mich und meine Begleitung in einer halsbrecherischen Autofahrt vom saftigsten Kebab zum romantischsten Aussichtspunkt gefahren hatten, sitzen wir bei besagtem *Ab Havji Bastani* und versuchen uns über selbstgebrauten Alkohol, Kopftücher und Stromausfälle zu unterhalten. Meist sind Gestik und Mimik erfolgversprechender als ihre Englischkenntnisse, und so verkommt das Gespräch zu einer recht theatralischen Runde.

Am harmonischsten geht es zu und her, als wir alle gemeinsam den Refrain von Adeles »Hello« trällern und dabei bei offenem Fenster im iranischen Verkehrschaos Feinstaub und Stillstand genießen. Oder als die Jungs von der persischen Küche erzählen. Bei Fesenjan, Gormeh Sabzi oder Korresh Bademjan geraten sie ins Schwärmen, und ihre Gestik gleicht mehr und mehr der eines eifrigen Gebärdendolmetschers. Einen Höhepunkt erreichen sie bei Tahdig. Dies sei das Beste, was der Iran zu bieten habe. Tahdig ist die knusprige Reisschicht, die am Topfboden entsteht, wenn auf persische Art Reis gekocht wird. Goldbraun, buttrig und kross. Frischgebackene Ehefrauen würden gern auch mal nach der Qualität ihres Tahdigs beurteilt, heißt es. Ähnliches Ansehen genießt höchstens noch Hafez, der große iranische Dichter. Goethe sei gar von ihm inspiriert worden, wird mir immer und immer wieder gesagt. Taxifahrer, Kebabverkäufer oder Gewürzhändler meinen: »Goethe good.« *Hafis* bedeutet im Persischen «der, der den Koran auswendig kann«, und weil der Dichter das schon im zarten Alter von acht Jahren beherrschte, wurde er fortwährend Hafis oder Hafez genannt.

Ein berühmtes Gedicht von Hafez besingt den Wein. Gerade im heutigen Iran, wo Wein wie so vieles strengstens verboten ist, mutet das faszinierend an.

An den Wein

Wie eine Braut so duftig und so feurig wie meine Leidenschaft,
so glänzt du aus dem Becher mir entgegen, süßer Wein.
Wie eine Braut will ich dich schmeichelnd lieben,
wie meine Leidenschaft sollst du verströmen,
verströmend tief in mein Gemüt hinein.
Drauf will ich lallend Verse niederschreiben.
Voll Phantasie, nur dir geweihte Verse.
Daran will ich dir alles wiedergeben,
was du an tiefster Seligkeit mir gabst.

Wie ernst es ihm mit dem Wein war, verrät auch die folgende Zeile:

> »Wenn du zu meinem Grabe / deine Schritte lenkst /
> bring Wein und Laute mit, / damit ich zu der Spielmannsweise /
> tanzend mich erhebe.«

Wein keltern die Iraner heute im Geheimen. Gebote und Verbote prägen hier das Leben der Menschen, aber auch Sanktionen und eine hohe Arbeitslosigkeit. Viele trotzen den Umständen, wollen zuversichtlich sein und träumen von Öffnung. Dabei können Dichtung und Reiskruste helfen. Genauso Kebab, die Fleischspieße, die ebenso dazugehören wie das wochenendliche Picknick im Park. Wobei es gar kein Park zu sein braucht, es genügt eine minimale Grünfläche, gerade so groß, dass ein Gaskocher, eine Picknickdecke und eine Großfamilie darauf Platz finden. Nicht selten sind die Picknickenden links und rechts umgeben von mehrspurigen Autostraßen, und das Hupkonzert bildet eine ungewöhnliche Geräuschkulisse zum gemütlichen Beisammensein. Die Iraner scheint das nicht zu stören.

Fesenjan ist ein festliches Gericht. Es wird oft bei Hochzeiten serviert, ist reichhaltig und edel. Das Hühnchenfleisch wird in einer süßsauren Walnuss-Granatapfel-Sauce geschmort und dann mit Reis, vorzugsweise natürlich mit krossem Tahdig, serviert. Das Huhn schmeckt süß, mit einer fruchtig-herben Note, und zergeht regelrecht auf der Zunge. Weil Zeit und Muße oft fehlen, mit dem Hühnchen Stunden in der Küche zu verbringen, habe ich eine einfache Expressvariante ausprobiert. Ob es auch eine iranische Großmutter zufriedenstellen würde, sei dahingestellt. Aber es geht schnell, schmeckt gut und duftet stark nach Iran.

FESENJAN MIT SAFRANREIS UND TAHDIG AUF EINFACHE ART

FÜR DAS HÄHNCHEN

4 Hähnchenunterschenkel
oder 8 kleine Hähnchenoberschenkel,
ohne Haut, gerne aber mit Knochen
200 g Walnüsse
360 g Joghurt
150 g Granatapfelmelasse
40 g Rohrzucker
1 TL Salz
Pfeffer aus der Mühle

FÜR DEN REIS

einige Safranfäden, nicht zu sparsam
400 g Basmatireis, abgespült
3 EL Butter und 2 EL Öl
2 TL Salz

ZUM FERTIGSTELLEN

1 Handvoll Mandelblättchen
und Mandelstifte, geröstet
1 Granatapfel
reichlich frischer Dill und Koriander
zum Garnieren

1 Für das Hähnchen die Walnüsse in einer Pfanne ohne Fett rösten, bis sie zu duften beginnen, etwas auskühlen lassen, dann die Walnüsse in der Küchenmaschine (Cutter) fein mahlen. Mit Joghurt, Granatapfelmelasse, Zucker, Salz und Pfeffer mischen. Die Hähnchenschenkel in die Walnuss-Joghurt-Marinade legen und, mit Klarsichtfolie abgedeckt, über Nacht marinieren.

2 Für den Reis einige Safranfäden im Mörser mahlen. Etwa 6 Esslöffel heißes Wasser dazugießen und abgedeckt ziehen lassen. Den Reis in Salzwasser fast gar kochen; das dauert rund 10 bis 12 Minuten. Abgießen und kalt abspülen; dadurch klebt er weniger zusammen und ist lockerer.

3 Butter und Öl in einem Topf erhitzen und die Hälfte des Safranwassers hinzufügen.
Den Reis daraufgeben und salzen. Das restliche Safranwasser darüberträufeln. Mit einem Kochlöffelstiel einige Löcher in den Reis bohren, sodass Dampf entweichen kann. Die Temperatur auf die kleinste Stufe reduzieren. Den Deckel in ein sauberes Geschirrtuch wickeln und auf den Topf setzen. Das Geschirrtuch schließt den Topf dicht ab und nimmt aufsteigenden Wasserdampf auf; so kann sich am Topfboden die begehrte Tahdig-Kruste bilden. Den Reis auf diese Weise etwa 30 bis 40 Minuten dämpfen.

4 Das marinierte Hähnchenfleisch mitsamt Marinade in eine Auflaufform geben und in der Mitte des auf 170 Grad vorgeheizten Ofens mit Umluft 35 bis 45 Minuten garen. Je nach Größe der Fleischstücke kann dies auch weniger lang oder länger dauern. Am besten das Fleisch an der dicksten Stelle durchschneiden und überprüfen, ob das Fleisch vollständig durchgegart ist.

5 Sobald der Reis fertig gegart hat, auf einen großen Teller oder eine Platte stürzen. Dazu am besten den Topf kurz in kaltes Wasser stellen. Dann löst sich die Kruste problemlos.

6 Mandelblättchen und Mandelstifte in einer Pfanne ohne Fett rösten. Die Granatapfelkerne herauslösen (siehe Seite 42). Die Hähnchenschenkel mit Granatapfelkernen, Koriander und nach Wunsch mit einigen gerösteten Walnüssen garnieren. Den Reis mit Mandelstiften, Mandelblättchen und Dill garnieren und alles gemeinsam servieren.

Im Iran würde dazu frisches Fladenbrot gereicht und getrunken würde dazu ein salziges, erfrischendes Joghurtgetränk namens Doogh.
Nuš-e jân!

KASHAN, IRAN

DAS TRÜFFELSCHWEIN, EIN AVANTGARDIST

»Wenn du wüsstest, wie gerne ich weiße Trüffeln habe. Allerdings kann ich nie von Trüffeln reden, ohne an die armen Schweine zu denken, welche sie finden, aber nicht fressen dürfen. Diese Trüffel-Schweine haben für mich etwas von Avantgardisten, denen es gelingt, Kostbares aufzustöbern, aber kaum wollen sie sich ans Fressen machen, kriegen sie eins auf die Schnauze, und die andern tun sich gütlich daran.«

Diese Zeilen hat der Schweizer Schriftsteller Hugo Loetscher seiner Brieffreundin, der Kochbuchautorin Alice Vollenweider, geschrieben. Gänzlich unavantgardistisch, wie ich es bin, musste ich erst mal dreißig werden, um echte Trüffel zu essen. Wer nicht ganz etepetete aufwächst, denkt bei Trüffel die ersten dreißig Lebensjahre an Schokoladentrüffel, an Pralinen also. Sie mögen nun vielleicht kontern, dass die süßen Trüffel auch ziemlich etepetete sind, aber sie sind ein Mittelstands-Zückerchen, das dieser sich zu besonderen Gelegenheiten gerne gönnt und schenkt. Der Trüffelpilz hingegen ist wirklich exquisit. Ein Kilo weißer Trüffel kann schon mal neuntausend Euro kosten, in Japan gibt es sogar noch exklusivere Sorten. Natürlich geht es auch preiswerter, der Sommertrüffel beispielsweise ist hierzulande für fünfzig Schweizer Franken oder Euro pro hundert Gramm zu haben. Fakt ist, Trüffel sind eine Delikatesse – für Gaumen und Geldbeutel.

Während Hugo Loetscher an Trüffelschweine denkt, kommen mir die findigen Hunde in den Sinn. Nachdem ich dreißig Jahre lang trüffellos durchs Leben schritt und bei Haustieren an Meerschweinchen und Wellensittich dachte, bin ich nun verdorben. Wer will schon ein Kuscheltier oder einen sprechenden Vogel, wenn er einen Trüffelhund haben kann. Ich muss gestehen, seit meinem ersten Mal Trüffelgenuss lässt mich die Hunde-Idee nicht mehr ganz los. So ein Lagotto Romagnolo, so heißt die bekannteste Trüffelhunderasse, hört sich nicht nur aristokratisch an, ich stell es mir mit einem solchen Hund auch sonst sehr vornehm vor. Hunde haben übrigens den Vorteil, dass sie im Gegensatz zu den Schweinen nicht gleich den ganzen Boden umpflügen. Die Schweine wüten in ihrem Trüffelwahn derart, dass sie das Gelände geradezu zerstören. Das ist nicht fehlender Contenance oder überbordender Verfressenheit zuzuschreiben, sondern schlicht ihrer leidenschaftlichen Motivation. Die Schweine suchen nach Trüffel, weil sie die Trüffel wollen. Der Geruch der Trüffel ähnelt nämlich dem Sexualduftstoff eines Ebers, eines männlichen Schweins. Das erklärt auch, wieso für Trüffelschweine nur geschlechtsreife weibliche Schweine in Frage kommen. Von der Lust getrieben, jagen sie den Edelpilzen nach – stets in der Hoffnung auf ein heißes Schäferstündchen. Dass die arme Sau bloß Pilze findet, die sie noch nicht mal essen darf, ist dann der unschöne Teil der Trüffelgeschichte. Als Ersatzbefriedigung gibt es einen Maiskolben, und die drei Milliarden Riechsinneszellen in der Schweinenase werden trotz Enttäuschung auch beim nächsten Mal wieder verlässlich liebestrunken auf die Suche gehen.

Immer wenn ich nun Trüffel esse und vor Begeisterung euphorisch juble, versuche ich kurz innezuhalten und an die Sau zu denken, die statt Partner und Passion nur einen Pilz gefunden hat. Ich wünsche ihr dann von Herzen einen heißen Eber und mir noch einen Nachschlag Trüffel-Gnocchi.

GNOCCHI MIT TRÜFFEL UND SPINAT

FÜR DIE GNOCCHI

750 g mehligkochende Kartoffeln
200 g Mehl
1 TL Salz
1 Ei
1 EL Butter und 1 EL Olivenöl zum Anbraten

FÜR DIE SAUCE

1 Zwiebel
1 EL Olivenöl
350 g frischer Spinat
1–2 Sommertrüffel, fein geschnitten, oder 2 EL in Öl eingelegte gehackte Sommertrüffel
150 ml Vollrahm (Sahne)
grobkörniges Meersalz, Pfeffer aus der Mühle

1 Handvoll Pnienkerne, geröstet
frisch geriebener Parmesan zum Servieren
pro Portion 1 EL Trüffelöl zum Beträufeln

1 Die Kartoffeln schälen und in Salzwasser weich kochen. Abgießen und noch heiß durch ein Passevite streichen. Mit Mehl, Salz und Ei zu einem Teig vermengen. Der Teig ist etwas klebrig; die Arbeitsfläche daher großzügig mit Mehl bestreuen. Falls nötig noch etwas Mehl in den Teig einarbeiten. Den Teig auf etwas Mehl zu daumendicken Strängen rollen; diese in 2 cm lange Stücke schneiden und jeweils über die Zinken einer Gabel abrollen oder auch einfach mit dem Gabelrücken eindrücken, sodass die typische Gnocchi-Zeichnung entsteht. Die Gnocchi portionsweise in knapp siedendem Salzwasser ziehen lassen, bis sie an der Oberfläche schwimmen, dann mit einer Lochkelle vorsichtig herausheben.

2 Für die Sauce die Zwiebel fein hacken und in Olivenöl glasig dünsten, den Spinat waschen und dazugeben. Den Sommertrüffel und den Rahm beifügen und mischen. Mit Salz und Pfeffer abschmecken.

3 In einer zweiten Pfanne Olivenöl und Butter erhitzen und die Gnocchi portionsweise anbraten. Sie dürfen gut angebraten sein, sodass sie knusprig werden. Die kross angebratenen Gnocchi zum Rahmspinat geben. Mit frisch geriebenem Parmesan und gerösteten Pinienkernen bestreuen und mit Trüffelöl verfeinern.

SCHWER VERLIEBT IN SHAKES

»Als er sein Sandwich aß und an seinem Bier nippte, erinnerte er sich an eine Unterhaltung. Blaisdell, der Dichter, sagte zu ihm: Du magst Bier so sehr, ich wette, eines Tages wirst du da reingehen und dir einen Bier-Milkshake bestellen. Es war ein simpler Spaß, aber er beschäftigte Doc seither ständig. Er fragte sich, wie ein Bier-Milkshake wohl schmecken würde. Die Idee nervte ihn, aber er konnte sie nicht loslassen. Sie tauchte jedesmal auf, wenn er ein Bier trank. Würde die Milch gerinnen? Sollte man Zucker beifügen?«

– **JOHN STEINBECK,** DIE STRASSE DER ÖLSARDINEN

Doc, der Protagonist aus John Steinbecks Roman »Die Straße der Ölsardinen» hat mich auf die Idee gebracht, dass die Entscheidung zwischen Bier und Eiscreme eine hausgemachte ist. Beides zusammen ist durchaus denk- und erst recht trinkbar. Einige Jahre später habe ich im »A&W«, einem traditionsreichen amerikanischen Fast-Food-Laden, den berühmten »A&W Root Beer Float« kennen und lieben gelernt. In einem halblitergroßen Pappbecher schwimmt Eiscreme in Root Beer und scheint sich sichtlich wohl zu fühlen. Sie merken, worauf ich hinaus will. Darauf erlaube ich mir ein Plädoyer.

Champagner ist auserlesen, sexy und stilvoll. Prosecco genauso, nur ist es der Stil der Mittelschicht. Bier hat was Bodenständiges. Wer Bier trinkt, kann auch kräftig lachen. So weit so gut. Ich trinke gerne Weißwein, noch lieber Negroni, und einen Amaretto Sour würde ich auch nie von der Tischkante stoßen. Aber ich muss gestehen, insgeheim träume ich davon, dass Milchshakes mal salonfähig werden. Und dabei denke ich nicht an puritanische Juice- und Shake-Bars, die um sechzehn Uhr schon schließen und vor lauter Gurke und Guarkernmehl den Genuss aus den Augen verloren haben. Und, nein, McDonald Drive-thru ist auch keine Lösung.

Salonfähig meint, dass sich die Trinkrunde mit süßen Erdbeershakes zuprostet, dass wir bei Schoko-Frappé nicht gleich an Kinderkost denken und Sie auch in einer Bar nach Mitternacht zwischen zwei Moscow Mules einen Bananen-Kokos-Latte ordern können. Selbstverständlich wird auch der an der Bar gemixt, frisch und exklusiv, während der Typ hinter dem Tresen mit Ihnen flirtet. Ich wünschte, dass Milchshakes so festlich zelebriert würden wie Champagner, so cool wären wie Bier oder ähnlich kultiviert wie Rotwein.

Ich habe noch sehr präsent, wie ich als Kind und Frappé-Fan die Vorboten des Milchshakes erahnte. Wir hatten eine große Früchteschale auf dem Salontisch im Wohnzimmer stehen, stets gut bestückt mit Früchten der Saison. Bananen gehörten zur Standardausstattung, und wenn sie schon schön hässlich braun und bereits von weit zu riechen waren, wussten wir zuverlässig, dass die nächste Bananenmilch um die Ecke wartete. Kausalität hat sich mir im Physikunterricht später nie mehr ähnlich eingängig präsentiert.

David Lynch, der Künstler und Drehbuchautor, muss eine ähnliche Kausalität kennen. Bei ihm heißt diese: Schokoladen-Milchshake trinken, Ideen haben. Er offenbart:

> »Während sieben Jahren habe ich bei ›Bob's Big Boy‹ gegessen. Ich pflegte um halb drei, nach der Mittagsstoßzeit, hinzugehen. Ich trank einen Schokoladen-Shake und dazu vier, fünf, sechs, sieben Tassen Kaffee – mit viel Zucker. Viel Zucker hatte es auch im Schokoladen-Shake. Es war ein dicker Shake. In einem Silberbecher. Der viele Zucker gab mir einen Schub, und ich hatte plötzlich so viele Ideen! Ich habe sie auf den Servietten festgehalten. Es fühlte sich an wie ein Schreibtisch mit Papier.«

Der große Siegeszug der süßen Milchshakes wird kommen. Ich jedenfalls bin bereit. David Lynch sowieso.

DREIMAL SHAKE

BROMBEER-LASSI

300 g frische Brombeeren
½ TL Kardamom
1 TL Rosenwasser
2 EL flüssiger Honig
200 ml Mandelmilch
360 g Naturjoghurt

BANANEN-TAHINI-SHAKE

2 EL Tahini
4 weiche Datteln
2 EL Dattelsirup
½ TL Zimt
2 sehr reife Bananen, gefroren
250 ml Mandel- oder Hafermilch
150 ml ausgekühlter Chai
(ungesüßter Schwarztee
mit indischen Gewürzen)

ROOT BEER-SHAKE

300 g Frozen Joghurt
300 ml Root Beer

Alle Zutaten in den Mixer geben und zu einem cremigen Lassi/Shake mixen. Auf 4 Gläser verteilen und kalt schlürfen.

STRAWBERRY FIELDS FOREVER

Erdbeeren haben es gar nicht so einfach. Sie haben gelitten unter ihrem Erfolg.

Das Verheerendste ist tatsächlich, dass sie fast rund ums Jahr verfügbar sind und somit oft mit wenig bis überhaupt keinem Geschmack in den Regalen landen. Zudem haben einfallslose Bonzen, die ihren Liebsten nichts Besseres zu schenken wissen als rote Rosen, allzu oft noch Erdbeeren und Schlagsahne mit im Gepäck. In Sahne getunkte Erdbeeren, die auf haarigen Männerrücken darauf warten, vernascht zu werden, haben den eigentlich so unschuldigen Beeren zugesetzt. Da kommt Jane Austen gerade recht. Wenn ihre Emma im gleichnamigen Werk in einem regelrechten Beeren-Wahn monologisiert, bringt das den Beeren die Unschuld zwar nicht zurück, macht aber Lust auf sie.

> »[Emma] (…) ging bereitwillig mit gutem Beispiel voran und pflückte Erdbeeren, nahm Erdbeeren entgegen, sprach von Erdbeeren, denn Erdbeeren waren jetzt der einzige Gedanke. – ›Die beste Frucht in England … bei jedermann beliebt … immer bekömmlich … dies die schönsten Beete und die schönsten Sorten. – Herrlich, wenn man sie selber pflückt … die einzige Art, sie wirklich zu genießen. – Vormittags unbedingt die beste Zeit … nie müde … jede Sorte gut … (…) köstliche Früchte … nur zu süß, um viel davon zu essen … nicht so gut wie Kirschen …‹«
>
> – JANE AUSTEN, *EMMA*

Jedes Jahr im Mai fahre ich mit der Mutter meines Freundes aufs Land (die Bezeichnung Agglomeration wäre hier wahrscheinlich treffender, bestimmt aber weniger romantisch), um Erdbeeren zu pflücken. Auf dem Erdbeerfeld knien wir dann, mit zahlreichen Schüsseln ausgerüstet, im Dreck und legen behutsam eine gepflückte Beere nach der anderen in unsere Schüsseln. Je voller die Schüssel, desto verfressener spielen die Gedanken. Zwischendurch dürfen fleißige Sammlerinnen und Sammler auch mal naschen. Das war das Argument, das mich bereits als Kind aufs Erdbeerfeld lockte – ein Freipass für Beeren direkt vom Strauch. Heute wiegt die Tatsache schwerer, dass die selbstgepflückten Beeren, auch weil sie regional und saisonal sind, einfach viel besser schmecken als alles, was in den Hotelsuiten das ganze Jahr über zum Liebesspiel missbraucht wird.

Das Exklusivste, was ich an den roten Beeren je gesehen habe, war in Japan. In einer Food-Shoppingmall in Osaka bin ich auf Erdbeeren gestoßen, die, einzeln abgepackt, stolze 15 Franken kosteten. Pro Erdbeere ein Schächtelchen – mit Samtkissen, bin ich versucht zu sagen. Wer es noch exklusiver wollte, entschied sich für die weiße Sorte und ergatterte für 20 Franken pro Beere beinahe ein Sammlerstück. Die ausgeprägte Schenkkultur der Japaner spielt dabei eine wesentliche Rolle. Früchte sind beliebte Hochzeits- oder Gastgeschenke und daher auch oft verpackt wie kostbares Geschmeide. Schade ist, dass sich die Frage des Konfitürekochens dann wohl von selbst erledigt.

Erdbeerkonfitüre, Erdbeertörtchen, Erdbeeren im Salat – die Beeren sind wandelbar wie kaum eine andere. Besonders schmackhaft sind sie verbacken in mürben, warmen Scones. Das macht aus einem unspektakulären Nachmittag schnell eine gediegene Sause. Und bei der Gelegenheit darf ich gleich noch den Afternoon Tea ehren. Denn wenn anderswo auf dem alten Kontinent das drohende Nachmittagsloch möglichst unauffällig mit einem trockenen Riegel oder einer überreifen Banane gestopft wird, wissen sich die Engländer deutlich stilvoller zu helfen. Allein schon die Tatsache, dass zwischen dem Mittag- und Abendessen eine dritte Mahlzeit angesetzt wird, verdient Respekt.

SCONES MIT ERDBEEREN

Ergibt etwa 8 Stück

FÜR DIE SCONES

300 g Mehl
1 EL Backpulver
50 g Rohrzucker
1 Päckchen Vanillezucker
½ TL Salz
80 g kalte Butter
170 g frische kleine Erdbeeren
150 ml Buttermilch
wenig Milch zum Bestreichen
etwas Rohrzucker zum Bestreuen

FÜR DIE GLASUR

1 EL Randensaft, frisch gepresst (Rote-Bete-Saft)
50 g Puderzucker

1 Mehl, Backpulver, Zucker, Vanillezucker und Salz in einer Schüssel mischen.

2 Die kalte Butter in kleine Würfelchen schneiden und beigeben, von Hand zu einer krümeligen Masse verreiben. Die Erdbeeren vierteln. Erdbeeren und Buttermilch zur Mehlmischung geben, rasch zu einem weichen Teig zusammenfügen, nicht kneten.

3 Den Teig etwas flach drücken, sodass er circa 3 cm dick ist. Zugedeckt etwa 30 Minuten kühl stellen. Dann den Teig mit einem Teigschaber oder einem scharfen Messer in acht gleichmäßig große ›Tortenstücke‹ schneiden. Die Teigdreiecke auf ein mit Backpapier belegtes Backblech geben, mit etwas Milch bestreichen und mit wenig Zucker bestreuen. In der Mitte des auf 200 Grad vorgeheizten Ofens mit Umluft 25 Minuten backen.

4 Für die Glasur den Randensaft mit dem Puderzucker mischen. Die Glasur mit einem Löffelchen über die Scones träufeln. Dazu passt klassisch »Clotted cream«, aber auch einfach Schlagrahm und noch mehr Erdbeeren.

MEIN BANANABOLIKA

»Unter dem Gepolter von Stühlen, umgedrehten Munitionskisten, Bänken und Ottomanen versammelt sich Pirats Mob um die Küsten des riesigen Refektoriumstisches, einer tropischen Insel (...), deren in dunklen Wirbeln gemasertes Walnuß-Hochland jetzt Bananenomeletts bevölkern, Bananensandwiches, Bananenaufläufe, pürierte Bananen, die in die Form eines aufsteigenden, britischen Wappenlöwen gegossen, mit rohen Eiern zu Tunke für arme Ritter verquirlt oder aus einer Sahnetülle über die glibberigen, kremigen Weiten eines Bananenflammeris gespritzt sind, wo nun die einem französischen Augenzeugen des Angriffs der Leichten Brigade im Krimkrieg zugeschriebenen Worte ›C'est magnifique, mais ce n'est pas la guerre‹ zu lesen stehen, die sich Pirat als Wahlspruch zu eigen gemacht hat (...) ferner hohe Karaffen mit bleichem Bananensirup, Bananenwaffeln zu durchtränken, ein mächtiger, glasierter Tontopf, in dem Bananenwürfel seit dem Sommer mit wildem Honig und Muskatellerrosinen zu Bananenmet vergoren sind, den man an diesem Wintermorgen in schäumenden Bechern herausschöpfen kann (...) dazu Bananencroissants und Bananenkreplach, Bananenporridge und Bananenjam und Bananenbrot sowie Bananen, flambiert mit altem Brandy, den Pirat voriges Jahr in einem Keller in den Pyrenäen abgestaubt hat, in dem er außerdem einen geheimen Radiosender vorfand.«

— **THOMAS PYNCHON,** DIE ENDEN DER PARABEL

Wahrlich eine Bananenorgie in Thomas Pynchons Roman »Gravity's Rainbow«. Die Banane ist die Rihanna unter den Früchten. Begehrt, verehrt, ein Sexsymbol und rund um den Erdball bekannt. So weiß jede Küche weltweit auch ordentlich was mit ihr anzufangen. In Brasilien macht man damit ein frittiertes Dessert, in Indien kommt sie ins Curry und in China in den Backteig. In Thailand werden die Bananen in süßer Kokosmilch gedämpft, *kluai buat chi* nennt sich dieses Vergnügen und bedeutet so viel wie »Bananen, die zu Nonnen geweiht werden«. Thailändische Nonnen tragen Weiß, muss man dabei wissen. In einer betriebsamen Gasse Bangkoks habe ich das Vergnügen, die süße Suppe aus Kokosmilch mit Bananeneinlage zu kosten. Die »geweihten Nonnen« sind exzellent, Sexsymbol hin oder her.

Ähnlich ins Schwärmen gerate ich bei einem saftigen Bananenbrot. Überkommt mich die Langweile, backe ich eines. Meist liegen noch irgendwo überreife Bananen, wenn nicht, nehme ich frische und gebe sie mitsamt Schale für 20 Minuten in den Ofen. Sie schmecken dann genauso reif und süß, als hätten sie sich schon Wochen in meiner Früchteschale gesonnt. Ein Bananenbrot ist schnell gemacht, kann saisongerecht angereichert werden und gehört zu den einfachsten und wandelbarsten Kuchen überhaupt. Ich packe immer reichlich Nüsse hinein, am liebsten auch noch Datteln oder Feigen, Sultaninen oder andere fein gehackte Trockenfrüchte. Mein Bananenbrot hat allerdings in meiner Familie meinen Ruf ruiniert, den Ruf einer guten Bäckerin. Meine Kuchen seien Müsli-Kuchen, prall gefüllt mit gesunden Zutaten, sodass man genauso gut einen Energieriegel zu sich nehmen könne, so das vernichtende Urteil. Ich kann eigentlich ganz gut damit leben, dass mein Bananenbrot als Müsli-Kuchen beschimpft wird. Vielleicht muss es genau so ein Kuchen sein, gesund und energiespendend, wie es auch folgendes Rezept verspricht.

Für die Familie nehme ich dann einen gekauften Blätterteig und belege ihn mit Äpfeln. Dazu Rahm aus der Spraydose. Das finden sie dann ein echtes Gebäck.

BANANENBROT

Für eine Cakeform von 24 bis 26 cm Länge

3 – 4 reife Bananen (ca. 220 – 280 g)
120 g Rohrzucker
2 Eier
3 EL Ahornsirup
1 Päckli Vanillezucker
2 Prisen Salz
60 g Butter, geschmolzen
100 g Vollkornmehl
100 g Kokosraspel
3 TL Backpulver
1 TL Birnbrotgewürz
100 g Haselnüsse, Sonnenblumenkerne, Kürbiskerne, gemischt, gehackt, geröstet
10 Datteln, entsteint, gehackt
1 Handvoll Nüsse und Kerne (Haselnüsse, Sesam, Walnüsse, Sonnenblumenkerne) für die Garnitur

1 Die Bananen auf einem Teller mit einer Gabel zu Mus zerdrücken. Zucker, Eier, Ahornsirup, Vanillezucker und Salz mit dem Handrührgerät cremig rühren. Die Bananen und die geschmolzene Butter dazugeben.

2 Mehl, Kokosraspel, Backpulver und Birnbrotgewürz gut mischen und zur Bananenmasse geben.

3 Die gehackten Datteln, Nüsse und Kerne unter den Teig mischen. Die Masse in eine Cakeform füllen und mit weiteren Nüssen und Kernen sowie nach Wunsch zwei Bananenhälften garnieren. Im vorgeheizten Ofen bei 180 Grad mit Umluft 55 bis 65 Minuten backen.

GRAN CAFFÈ GAMBRINUS, NEAPEL, ITALIEN

TU SEI ELENA!

Wenn zwischen den Gleisen Mohnblumen blühen, eine Karaffe Hauswein vier Euro kostet und es in den Gassen nach Oregano riecht, dann sind wir in Neapel. Neapel sei das »Schlimmste und Beste der Welt«, sagt die neapolitanische Bestsellerautorin Elena Ferrante, die mit dem Roman »Meine geniale Freundin« einen viel gelesenen und genauso gefeierten Roman geschrieben hat. Immer wieder hechte ich nach rechts oder links, je nachdem ob mir ein Vespa-Raudi von hinten oder von vorne in rasantem Tempo entgegenbraust. Wäscheleinen schmücken die engen, dunklen Gassen mit weißer Bettwäsche oder Fischernetzen, die auf ihren nächsten Einsatz warten. Die »Ape«, das dreirädrige Transportmobil mit Kultcharakter, prägt das Straßenbild hier genauso wie die unzähligen »Salumerie«, die in verlässlichen Abständen beste Feinkost bieten.

»Ging man auf dem Bürgersteig vorbei, genoss man den appetitanregenden Duft von Gewürzen, Oliven, Salami, frischem Brot, Grieben und Schweineschmalz«, heißt es im ersten Band der Ferrante-Tetralogie über die »Salumeria« des ranghohen Mafia-Sohnes.

Auf den Spuren von Lenu und Lila, den beiden Freundinnen aus der neapolitanischen Saga, wandle ich durch die Straßen und Gassen der Stadt. Die beiden wachsen in ärmlichen Verhältnissen auf, in einem Viertel, in dem Mädchen auch mal aus dem Fenster geworfen werden oder Silvesterfeiern in einer Schießerei enden. Im historischen Zentrum spürt man von diesem Leben aus dem Roman wenig. In der Altstadt ist viel los, Touristengruppen eilen durch die Sträßchen, ihr dichtes Zeitprogramm wird höchstens von afrikanischen Händlern mit gefälschten Gucci-Taschen gestört. Junge Neapolitanerinnen sitzen im Schatten, das Handy in der linken, ein Eis in der rechten Hand. Italienische Familienväter und internationale Backpacker suchen die nächste gerade total gehypte Pizzeria, zu Ruhm gekommen durch eine überaus fruchtige Tomatensauce, Extrakäse oder die besonders kurze Backzeit. Pizza ist hier ein Lebenselixier. Vor den bekannten, alteingesessenen Pizzerien bilden sich Schlangen, so lang wie vor dem Petersdom oder dem San-Siro-Stadion. Die neapolitanische Pizza ist teigig, bis auf den Rand wenig knusprig, saucenreich, saftig und riesengroß. Wenn man ein Stück davon in die Hand nimmt, biegt sie sich seitlich im Neunzig-Grad-Winkel nach unten. Das kommt nicht von ungefähr, sondern ist auf ihre kurze Verweildauer im heißen Steinofen zurückzuführen. Lediglich neunzig Sekunden soll sie im Ofen backen. Wer eine hauchdünne, knusprige Pizza erwartet, wird enttäuscht. Die Enttäuschung soll aber nicht von langer Dauer sein, weil das, was hier aufgetischt wird, nicht umsonst einen Ruf genießt, der bis ans andere Ende der Welt reicht. In einer der ältesten Pizzerien der Stadt, in der »Antica Pizzeria da Michele«, nimmt ein drahtiger Kellner hastig die Bestellung auf: »Coca o birra? Margherita o Marinara?« Das Angebot beschränkt sich auf zwei Pizzen, ausgezeichnet sind sie beide. Bei »Di Matteo«, »Gino Sorbillo« oder »Brandi« gibt es ebenfalls erstklassige Ware. Da wir unseren Pizza-Marathon einigermaßen ernst nehmen, machen wir auch vor regionalen Spezialitäten wie einer frittierten Pizza nicht Halt.

Während ihre Bücher alle kennen, ist die wahre Identität der Elena Ferrante bis heute ein gut gehütetes Geheimnis. Als ich in einer »Salumeria« die Ferrante-Bücher in der Auslage fotografieren will, brüllt der Herr hinter der Theke: »Tu sei Elena! Tu sei Elena!« Um ihn wieder zu beruhigen, bestelle ich eine Extraportion Mortadella und Käse, und während ich von einem dreißig Monate gereiften Parmesan koste, beschließe ich, das Rione zu besuchen, den Stadtteil Luzzatti, Lenus und Lilas Quartier. Ein dunkler, feuchter Tunnel führt dahin, wo die Camorristi das Sagen haben und die Hausfassaden heruntergekommener wirken als anderswo, da wo der Beton schwerer und die Straßen leerer werden. Ich muss an Lenu und Lila denken, die Hand in Hand durch den Tunnel schritten, in der Hoffnung, am anderen Ende das Meer zu sehen.

Es ist die Via Toledo, die wieder zurück ins Zentrum führt – die Straßen werden belebter, die Stimmung freundlicher, das Treiben geschäftiger. Am Ende der Via Toledo erwartet mich das Gran Caffè Gambrinus, das zeigt, was alle wissen: Während dort drüben die Armen sind, geht es hier mondän zu und her. Das Gambrinus ist die älteste Cafeteria der Stadt. Oscar Wilde und Ernest Hemingway waren hier, aber auch Renzi oder Merkel – ihre gebrauchten Tassen stehen als Beweisstücke in der Vitrine. Nicht der Reliquien wegen bin ich da, sondern weil es hier erstklassige Sfogliatelle geben soll. Das süße Gebäck, eine regionale Besonderheit, kann es mit seiner weitaus bekannteren Konkurrenz problemlos aufnehmen. Tiramisù, Cannoli, Zabaglione, alles wunderbar, Sfogliatelle aber, das ist die süßeste Seite von Neapel. Ein hauchdünner Blätterteig, gefüllt mit einer cremigen Füllung aus Ricotta, Vanille und kandierten Orangen. Puderzucker macht den Abschluss. Nach Pizza und Sfogliatelle schließt sich der Kreis wieder – und wie der Abend begonnen hat, geht er auch zu Ende, bei einem kühlen »Aperol Spritz« im spanischen Viertel. Hier in der Cammarota Spritz ist es dreckig, wild, verrucht, es ist gut hier. Fast ein bisschen wie drüben, bei Lenu und Lila.

DEKONSTRUIERTE SFOGLIATELLA

Ergibt 8 Bonbons

8 Strudelteigblätter
(Strudel-, Yufka- oder Filoteig, passt alles)
350 g Ricotta
1 Päckchen Vanillezucker
1 TL Vanillepaste aus dem Glas
1 EL Ahornsirup
80–100 g kandierte Orangen
160 g Butter, geschmolzen

Puderzucker zum Bestreuen
Ahornsirup nach Wunsch

1 8 Strudelteigblätter gleich zu Beginn in ein feuchtes Geschirrtuch einwickeln, damit sie feucht bleiben und nicht reißen. Auf der Arbeitsfläche ein zweites feuchtes Geschirrtuch ausbreiten.

2 Für die Füllung Ricotta, Vanillezucker, Ahornsirup und Vanillepaste glatt rühren, die kandierten Orangen unterheben.

3 Ein erstes Teigblatt auf die Arbeitsfläche legen und mit flüssiger Butter bestreichen. Ein zweites Teigblatt daraufgeben und wiederum mit flüssiger Butter bestreichen. Mit einem scharfen Messer halbieren, um daraus zwei Bonbons zu machen.

4 Einen Esslöffel Ricottafüllung längs auf den ersten Sechstel des halbierten zweilagigen Teigblattes streichen und eng einrollen. Dabei oben und unten einen Rand von 3 cm frei lassen. Die Enden ohne Füllung wie ein Bonbon eindrehen und zusammendrücken. Mit den restlichen Teigblättern ebenso verfahren.

5 Die Bonbon-Strudel nebeneinander in eine Auflaufform legen und großzügig mit der restlichen Butter bestreichen. In der Mitte des auf 180 Grad vorgeheizten Ofens mit Umluft 25 bis 30 Minuten backen. Etwas auskühlen lassen und mit Puderzucker bestreuen. Frisch und nach Wunsch mit Ahornsirup beträufelt genießen.

NEAPEL, ITALIEN

MÄNNER ANGELN

»Wenn man in Paris nicht genug aß, bekam man großen Hunger, denn die vielen Bäckereien hatten so gute Sachen in den Schaufenstern, und draußen auf den Bürgersteigen saßen Leute an Tischen und aßen, sodass man überall Essen sah und roch.«

— ERNEST HEMINGWAY, A MOVEABLE FEAST

Hemingway liebte nicht nur Fisch und Fleisch, sondern auch frisches Gebäck, wie diese schwärmerischen Worte verraten. Croissants, Baguette, Tartelettes, in den Pariser Bäckereien haben Kohlenhydrat-Skeptiker und -Skeptikerinnen nichts verloren, alle anderen kommen prächtig auf ihre Kosten. Fast sieben Jahre lang lebte der junge Hemingway – seines Zeichens kein Kohlenhydrat-Skeptiker – in Paris. In dieser Zeit hat er einen Sohn bekommen, sich vollkommen der Schriftstellerei verschrieben und Freundschaften zu Größen wie Scott Fitzgerald oder Gertrude Stein gepflegt. Und nicht zuletzt auch gut gegessen.

Der Schöpfer, der später »Der Mann und das Meer« schreiben wird, hat auch in seiner Zeit in Frankreich schon eine ganz besondere Schwäche für alles, was aus dem Wasser kommt. Über Austern schreibt er:

»Als ich die Austern mit ihrem strengen Meergeschmack und dem leicht metallischen Geschmack aß, den der kalte Weißwein fortspülte, sodass nur der Meergeschmack und die fleischige Konsistenz blieben, und als ich die kühle Flüssigkeit aus jeder

Schale trank und mit dem frischen Geschmack des Weins hinunterspülte, verließ mich die Leere, und ich begann, mich glücklich zu fühlen und Pläne zu machen.«

Ernest Hemingways Leibspeise? In Speck eingewickelte Forelle. Oder ein frischer Fisch – und da legt er am liebsten auch gleich selber Hand an. Ob auf hoher See oder im Wald, Hemingway ist leidenschaftlicher Fischer und Jäger; das Tier zu zerlegen, lehrte ihn sein Vater. Im Jahr 1938 zieht Ernest an einem einzigen Tag sieben Marline aus dem Wasser, sechzehn Jahre, bevor er seinen Nobelpreis erhält, angelt er sich also einen Marlin-Rekord.

Der Abenteurer Hemingway, der seine Stammkneipe angeblich eigenhändig von den Nazis befreite und sich auch schon in eine Stierkampf-Arena gewagt haben soll, hat nicht nur Literatur und Legenden hinterlassen, sondern auch ein Burger-Rezept.

Der »originale Hemingway-Burger« ist nicht unspektakulär: Wein kommt in den Fleischteig, genauso Kapern und ein India Relish, zudem ein ganz bestimmtes Gewürz namens *Mei Yen Powder.* Wenn Sie Salz, Zucker, Sojasauce und Geschmacksverstärker mischen, dürften Sie in etwa denselben Geschmack erreichen. Das Pattie muss knusprig braun gebraten sein und in der Mitte noch pink und saftig, so heißt es explizit. Mein Hemingway-Burger ist die schuppige Variante des Originals, ein Lachspattie, das mit gepickelten Zwiebeln und einem Coleslaw daherkommt.

Ernest Hemingway, der mindestens so gerne getrunken wie gegessen hat, würde dazu eisgekühlte Bloody Mary trinken – und das reichlich. Das hätte ihm gefallen.

SALMON BURGER

Für 8 kleine oder 4 große Burger

FÜR DIE HAMBURGERBRÖTCHEN

8 g frische Hefe
10 g Butter, in dünne Scheiben geschnitten
2 TL Honig
½ EL (8 g) Salz
50 g Vollkornmehl und 200 g Weißmehl (oder 250 g Weißmehl)
175 ml kaltes Wasser
1 Ei, verquirlt, zum Bestreichen
grobkörniges Meersalz und Sesam zum Bestreuen

1 Für die Brötchen Hefe, Butter, Honig, Salz, Mehl und kaltes Wasser in einer großen Schüssel mischen. Die Schüssel mit Frischhaltefolie abdecken und den Teig 45 Minuten gehen lassen.

2 Den Teig auf einer bemehlten Arbeitsfläche in 8 Stücke teilen und diese zu Kugeln formen. Die Teigkugeln auf ein mit Backpapier belegtes Backblech geben und 5 Minuten ruhen lassen. Dann leicht flach drücken. Ein Geschirrtuch darüberlegen und 1 weitere Stunde gehen lassen, bis sich das Volumen verdoppelt hat. Den Backofen mindestens 30 Minuten vor dem Backen auf 220 Grad vorheizen.

3 Die Brötchen mit Ei bestreichen, mit Salz und Sesam bestreuen. In der Mitte des vorgeheizten Ofens 15 bis 20 Minuten goldbraun backen. In ein Geschirrtuch wickeln und auf einem Gitter auskühlen lassen.

FÜR DIE PATTIES

500 – 600 g frisches Lachsfilet
2 Eier, verquirlt
5 – 6 EL Panko (gibt's im Asialaden) oder Paniermehl
1 Bund Schnittlauch, fein gehackt
1 Bund Dill, fein gehackt
2 EL Limettensaft, frisch gepresst
2 EL Senf
2 EL Mayonnaise
grobkörniges Meersalz, Pfeffer aus der Mühle
Rapsöl zum Anbraten

FÜR DEN COLE SLAW

1 kleiner Kopf Weißkohl
100 g griechischer Joghurt
2 EL Limettensaft, frisch gepresst
2 EL Kürbiskernöl
grobkörniges Meersalz, Pfeffer aus der Mühle
1 Bund Schnittlauch, fein gehackt
1 Bund Dill, fein gehackt

ZUM FERTIGSTELLEN

Zwiebel-Pickles (siehe Basics)
Erdbeer-Pickles (siehe Basics), nach Wunsch
Senf, Mayonnaise, Chutney und frische Kräuter, nach Wunsch

4 Für die Patties das Lachsfilet 2 bis 3 Minuten von beiden Seiten in etwas Öl anbraten, aus der Pfanne nehmen und abkühlen lassen, dann in eine Schüssel geben und mit einer Gabel zerdrücken. Eier, Panko, Kräuter, Limettensaft, Senf und Mayonnaise hinzufügen und alles gut mischen. Mit den Fingern kneten, sodass eine Art Teig entsteht. Zu 8 Patties formen und diese in Öl von beiden Seiten je 2 Minuten kross anbraten.

5 Für den Cole Slaw den Kohl mit der Küchenmaschine oder auf dem Gemüsehobel fein raspeln, mit den übrigen Zutaten vermischen und etwas ziehen lassen.

6 Die Brötchen halbieren, nach Wunsch mit Mayonnaise oder Senf bestreichen, mit Cole Slaw belegen und ein Lachspattie daraufgeben. Nach Belieben mit gepickelten Zwiebeln oder Chutney garnieren. Auch die gepickelten Erdbeeren oder eine süße Cranberrysauce passen hervorragend. Dazu Fries oder Salat servieren und genießen.

FESTA DEL NODO D'AMORE, VALEGGIO SUL MINCIO, ITALIEN

TORTELLINI ABFEIERN

»Das Schöne am Essen ist, dass es um Kultur geht, um Großmütter, um den Tod und um Kunst, darum sich selbst auszudrücken, um Familie und Gesellschaft – und zur gleichen Zeit ist es einfach das Abendessen.«

— **BILL BUFORD,** IM »NEW YORKER«

Sie müssen Bill Buford nicht kennen, um seine Aussage umwerfend zu finden. Ich jedenfalls habe den Herrn nicht gekannt; dass er ein US-amerikanischer Journalist und Schriftsteller ist und Salman Rushdie ihm gar ein Werk gewidmet hat, habe ich erst später erfahren. Aber das Zitat hat mich fasziniert, weil es exakt das ausdrückt, was mich am Essen, am Kochen so begeistert.

Ähnliches beschreibt auch Jonas Lüscher, ein kluger zeitgenössischer Autor, in seinem Roman »Kraft«. Richard Kraft, die Hauptfigur in diesem Werk, ist ein blitzgescheiter Rhetorikprofessor, der im Silicon Valley sein Glück in einem Wissenschaftswettbewerb sucht. Kraft unterhält sich mit zwei Kollegen über die Erfindung Soylent, das einer der beiden seit zwei Monaten konsumiert. Soylent, ein Nahrungsmittelsubstitut, soll alle wichtigen Nährstoffe liefern und herkömmliches, zeitraubendes Essen auf diese Weise überflüssig machen.

»Essen (...) sei generell eine überschätzte und ungemein mühsame und unökonomische Tätigkeit, das Einkaufen im Supermarkt eine Plage und die Zubereitung herkömmlicher

Mahlzeiten eine zeitraubende, ineffiziente Verschwendung von Ressourcen. (...) Kraft schaudert. Das also ist die Zukunft. Nein, viel schlimmer noch, die Gegenwart: Man nehme eine menschliche Tätigkeit – in diesem Fall das Essen –, befreie sie von allen kulturellen Bedeutungen, von allen historischen Bezügen, von allem emotionalen Ballast, bis man den nackten, vermessbaren Kern vor sich hat. Diese Brühe in der Schnabeltasse ist der quantifizierbare Überrest einer Jahrtausende gewachsenen, reichhaltigen, prägenden kulturellen Tätigkeit, aufgelöst in eine Reihe von Messwerten (...).«

– **JONAS LÜSCHER,** KRAFT

Beim Essen geht es um so viel mehr als um bloße Nahrungsaufnahme. Jedes Land hat seine Traditionen und Spezialitäten, jedes Städtchen seine Feste und Bräuche, jede Familie ihre Rituale und ihre Geheimrezepte.

Das Tortellini-Festival in Valeggio sul Mincio, unweit von Verona, ist eine regelrechte Zelebrierung einer solch lokalen Spezialität. Einmal im Jahr lädt das Städtchen zur Tortellini-Sause, und diesem Ruf folgen längst nicht nur Traditionalisten und Hungrige. Von nah und fern kommen sie, Schaulustige, Nostalgiker und die Liebhaber der italienischen Küche.

Verantwortlich für dieses Pasta-Gelage ist eine mittelalterliche Sage. Im Fluss Mincio sollen als Hexen verkleidete Nymphen gelebt haben, die Nacht für Nacht am Ufer tanzten. Ein Mailänder Feldherr begegnete eines Nachts der Schönsten aller Nymphen, verliebte sich in sie und folgte ihr in die Unterwasserwelt. Einzig ein geknotetes goldenes Taschentuch soll er am Ufer zurückgelassen haben – ein Taschentuch, das aussah wie ein Tortellino. Heute findet die Tortellini-Schwelgerei nun exakt dort statt, wo diese Liebesgeschichte einst ihren Anfang nahm. Eine hübsche Sage und ein guter Grund, um einmal im Jahr zu einem üppigen Festschmaus zusammenzukommen – wobei die Italiener einen solchen überhaupt nicht nötig hätten, um eine große Pasta-Party zu veranstalten.

»La Festa« beginnt um neunzehn Uhr. Herausgeputzt, aber unter den vielen schicken Italienerinnen noch immer eher unscheinbar, begebe ich mich mit allen anderen Tortellini-Jüngern hungrig und voller Vorfreude aufs Festgelände. Die reich gedeckte Tafel erstreckt sich über die ganze Visconti-Brücke. Im Hintergrund thront eine Burgruine, grüne Felder mit Pappeln und Strohballen auf der einen, das malerische Städtchen auf der anderen Seite. Eine Kulisse, die ihresgleichen sucht. Für 85 Euro pro Person werden vier Gänge geboten, die Getränke, auch die alkoholischen, sind inklusive. Aufgetischt wird reichlich: Antipasti, Prosecco, Wein, Delikatessen aus der Region und Tortellini, so viel man will – eine Tortellini-Flatrate sozusagen. Kellner in Flirtlaune servieren einen Gang nach dem anderen. Den Höhepunkt bilden die Tortellini, die Spezialität Valeggios. Zwanzig Restaurants und kleinere Manufakturen stellen für die 2 500 Gäste in aufwendiger Handarbeit 600 000 Tortellini her. Die Variante mit Fleischfüllung imponiert mir nachhaltig, dennoch ist nach zwei Tellern Schluss. Schließlich gilt es, mit dem Appetit strategisch zu verfahren. Die nächste Runde lockt mit einer Kürbisfüllung und kommt einer Offenbarung gleich. Nicht nur Gemüseliebhaber geraten dabei in einen rauschähnlichen Zustand. Der Kellner – ein Italiener wie aus dem Bilderbuch – verrät auf der Stelle, worin das Geheimnis besteht. Was sich für gewöhnlich eher auf der Kaffeetafel tummelt, kitzelt jetzt aus dem Kürbis das Optimum heraus: Amaretti.

Es ist ein bisschen wie bei Nonna. Es wird reichlich aufgetragen, großzügig geschöpft und das Sättigungsgefühl gekonnt ignoriert. Man tut gut daran, sich nicht zur Wehr zu setzen, sondern wie die brave Enkelin alles zu essen, was einem vorgesetzt wird. Im besten Fall bis kurz vor dem Kollaps. Für Kohlehydrat-Memmen und überzeugte Abstinenzler ist dieser Schmaus wohl weniger geeignet, auch verträgt sich das Ganze schlecht mit Diät und anderen asketischen Praktiken, dafür kommen alle anderen umso mehr auf ihre Kosten. Zum Schluss bekommen die satten Gäste noch ein Feuerwerk geboten – und sie werden wieder kommen, im nächsten Jahr.

KÜRBIS-AMARETTI-LASAGNE

Für eine Auflaufform
von 30 bis 35 cm Länge

1 kleiner bis mittelgroßer Butternusskürbis, geschält, in Würfel geschnitten (ca. 600 g)
1 große Zwiebel
2 EL Olivenöl
grobkörniges Meersalz, frisch gemahlener Pfeffer
1 Schuss Noilly Prat (trockener Wermut)
100 g Marroni, vorgegart, vakuumverpackt oder tiefgekühlt
250 g Ricotta
180 g Sauerrahm
Muskatnuss, frisch gerieben, nach Wunsch
½ Bund frischer Thymian, Blättchen abgezupft
800 ml – 1 l Tomatensauce (Lieblingstomatensauce machen)
ca. 12 Lasagneblätter
80 g Parmesan, frisch gerieben
40 g Amaretti, zerbröselt

1 Den Kürbis in Würfelchen schneiden. Die Zwiebel fein hacken und in Olivenöl anbraten, die Kürbiswürfel beigeben und mitbraten. Mit Salz und Pfeffer würzen und mit Noilly Prat ablöschen. 10 bis 15 Minuten garen; der Kürbis darf noch Biss haben, sollte aber doch einigermaßen gar sein.

2 Tiefgekühlte Marroni kurz blanchieren. Die Marroni hacken.

3 Ricotta und Sauerrahm gut verrühren, mit Salz, Pfeffer und nach Belieben etwas frisch geriebener Muskatnuss würzen, den Thymian dazugeben.

4 Nun die Lasagne einschichten: Zuerst einige Löffel Tomatensauce auf dem Boden der Auflaufform verteilen, darauf so viele Teigplatten auslegen, wie nebeneinander in der Form Platz finden. Eine Schicht Kürbis daraufgeben, mit Marroni und Parmesan bestreuen und mit einer Schicht der Sauerrahm-Ricotta-Mischung bedecken. Dann wieder Teigplatten, Tomatensauce, Kürbis, Marroni, Parmesan und Sauerrahm-Ricotta. So weiterfahren, bis alles aufgebraucht ist.

5 Mit einer Schicht Teigplatten abschließen, diese mit der Sauerrahm-Ricotta-Mischung bestreichen und die zerkrümelten Amaretti darauf verteilen.

6 Die Lasagne in der Mitte des auf 180 Grad vorgeheizten Ofens mit Umluft 50 bis 60 Minuten backen. Wenn die Lasagne zu stark bräunt, die Temperatur zurückschalten oder die Lasagne eine Rille tiefer setzen. Sie sollte schön bräunen, aber nicht anbrennen.

SCHILLERNDE ÄPFEL

Vollkommene Stille, Wein in Hülle und Fülle oder die Stunde nach Mitternacht – die Menschen brauchen die unterschiedlichsten Dinge, um ihre Konzentration zu fördern, die Kreativität sprühen zu lassen und auf Hochtouren zu arbeiten. Balzac, ein Stolz der Franzosen, hat Kaffee getrunken ohne Ende. Truman Capote konnte nur in der Horizontalen denken, und David Lynch brauchte mindestens einen Milchshake am Tag, um auch nur irgendetwas aufs Papier zu bringen. Besonders merkwürdig mutet Schillers Strategie an. Der Dichter hatte in seiner Schreibtischschublade stets einen faulen Apfel liegen. Der Geruch nach Verwesung ließ ihn zur Höchstform auflaufen und Stücke schreiben wie »Die Räuber« oder »Kabale und Liebe«. Stücke für die Weltliteratur.

Äpfel – wenn auch lieber frisch – sind nicht nur ideales Denkfutter, sie sind auch perfekt für Sportler und Wanderer. So habe ich meine heute liebste Apfelverpflegung einst auf 1800 Meter über Meer in der Hütte Al Legn gegessen. Für den steilen Aufstieg wurden wir dort mit einem frisch gebackenen Apfelbrot belohnt. Das Brot war saftig, reich an Nüssen und Rosinen und vom Hüttenwart persönlich mit viel Liebe gebacken. Heute bin ich stolze Besitzerin dieses Urner Apfelbrot-Rezepts. Wie es dazu gekommen ist, möchte ich gerne erzählen.

Max hieß er. Max war Hüttenwart und die gute Seele des Rifugio Al Legn, oberhalb von Brissago, mit Sicht auf den Lago Maggiore, den fulminanten Gipfel des Gridone im Rücken. Ein überwältigendes Panorama. Genauso gerne wie an die fantastische Umgebung erinnere ich mich an Max. Ein älterer Herr, feingliedrig wie ein Berggänger, warmherzig und mit einer Handorgel ausgestattet, hat er alle Klischees bedient, die Städter mit dem Wandern verbinden. Max trägt Crocs und Bart. Crocs dürfen, neben Pflegepersonal im Spital, nur noch die Hüttenwarte dieser Welt tragen, ohne für immer als stillos in die Geschichte einzugehen. Besonders glücklich machen Max singfreudige Gäste. Wenn er schmissige Heimatlieder anstimmen kann und die Horde fröhlich mitträllert, wird der sonst so bedachte Mann zum hemmungslosesten Handorgel-Primus nördlich des Lago Maggiore.

Max ist aber kein Klischee, er ist ein Urner Original in den Tessiner Alpen. Der emsige Hüttenwart macht Frühstück, heizt die Hütte ein und bäckt für den Nachmittagstee ein Apfelbrot, das so gut schmeckt, dass seine weit gewanderten Gäste Muskelkater und Blasen im Nu vergessen. Das Urner Apfelbrot sei ein altes Rezept aus einem ebenso alten Kochbuch von Urner Bäuerinnen, erzählt er mir, erfreut darüber, dass die Städter sein Gebäck so feiern. Dass dieses Apfelbrot, das eigentlich mehr ein Apfelkuchen ist, von Bäuerinnen stammt, verwundert kaum. Vollkornmehl, reichlich Nüsse, noch mehr Früchte, kein Chichi. Sahnige Torten mit Marzipan, Zuckerguss und Buttercreme sind nichts für Bauern, die Energie benötigen für die Arbeit im Stall. Bauernkost muss fit machen, Kraft geben und darf nicht schwer im Magen liegen. Und, ehrlich gesagt, tut das auch Nichtbäuerinnen ganz gut. Und Wanderern sowieso.

Max ist kein sturer Älpler, der sein Rezept hütet wie die Appenzeller ihr Käse-Geheimnis. Sein Rezept hat er mir gerne verraten. So hüte ich heute statt eines faulen Apfels höchstens Max's Apfelbrot-Rezept in meiner Schreibtischschublade. Schiller hätte es mal damit versuchen sollen.

LAGO MAGGIORE, SCHWEIZ

URNER APFELBROT

Für eine Cakeform von 28 cm Länge

1 kg Äpfel
75 g Rohrzucker
125 g Rosinen
3 EL Amaretto-Likör
125 g Baumnüsse, gehackt
250 g Vollkornmehl
1 EL Backpulver
1 EL Kakaopulver
½ EL gemahlener Zimt
½ Zitrone, abgeriebene Schale
ganze Baumnüsse zum Garnieren

1 Die Äpfel grob raspeln, mit dem Zucker mischen und über Nacht stehen lassen.

2 Die Rosinen in den Amaretto einlegen und ebenfalls über Nacht ziehen lassen.

3 Am Tag darauf die Apfelmasse und die Rosinen mischen, alle übrigen Zutaten beigeben und gut vermengen.

4 Den Teig in eine gefettete oder mit Backpapier ausgelegte Cakeform geben und mit Nüssen garnieren.

5 Im vorgeheizten Backofen auf der untersten Rille bei 180 Grad mit Umluft etwa 70 Minuten backen. Mit Schlagrahm oder cremig gerührtem Ricotta servieren.

TIPP Schmeckt gut verpackt auch nach einer Woche noch köstlich.

ESTELLEN · BITTE AN DE

SCHÖNER SAUFEN MIT SOCCA

»Im Schutz des Klingklangs von Wassergläsern, Silberbesteck und feinem Porzellan pflasterte ich meinen Teller mit Hühnchenbrustscheiben. Dann bestrich ich die Hühnerscheiben mit einer dicken Schicht Kaviar, als würde ich mir ein Brot mit Erdnussbutter schmieren. Und dann nahm ich die Hühnchenscheiben eine nach der anderen in die Finger, rollte sie zusammen, damit der Kaviar nicht herausfiel, und aß sie.«

– **SYLVIA PLATH,** DIE GLASGLOCKE

So macht es die neunzehnjährige Esther Greenwood, die bei einem eleganten Mittagsempfang so viel Kaviar wie nur möglich bekommen will und feststellt, dass, wenn man etwas Unkorrektes nur mit genügend Arroganz tut, dies eher für originell denn ungezogen gehalten wird. Ich weiß, dass sie Recht hat, und merke mir diese Strategie für den nächsten »Apéro riche«. Denn während man in New York zu einem Mittagsempfang oder Steh-Lunch geladen ist, zelebriert man in der Schweiz meisterlich den »Apéro riche«.

Ein »Apéro riche« ist die üppigere Variante des gewöhnlichen Aperitifs mit Häppchen, wobei ich Ihnen das, sofern sie selbst aus der Schweiz kommen, in der Schweiz leben oder vielleicht einen Schweizer Nachbarn haben, nicht erzählen muss. »Apéro« ist hierzulande so etabliert wie Recyceln. Sbrinzmöckli, Trockenfleisch, Salsiz – hiesige Fleisch- und Käseplatten sind fester Bestandteil von Festen und Feierlichkeiten aller Art. Während die Schweizer allzu oft als genussfeindlich oder gar Spaßbremsen gelten, treffen sie sich nach Feierabend oder auch mal untertags ohne zwingenden Grund zu Weißwein und Canapés, plaudern bei Bier und Salzstangen und zelebrieren so den ganz normalen Alltag. Wenn sich Spaßbremsen ab siebzehn Uhr mit Weißwein und Käse verköstigen – dann von mir aus gerne Spaßbremse.

»Aperöle«, wie wir es hierzulande nennen, ist mindestens genauso schweizerisch wie die Maggi-Aromat-Menage in den Beizen oder die Vorliebe für den Konjunktiv. Das Schönste am Apéro ist, dass er so herrlich einfach daherkommt. Die neuen Nachbarn würde man vermutlich nicht gleich zum Abendessen einladen, zum Apéro jedoch ohne zu zögern. Auf einen Apéro lassen sich auch die sonst so zurückhaltenden Schweizer schnell und gerne ein, und so ist er die geselligste Initialzündung überhaupt. Beim Apéro entstehen hierzulande schon mal Freundschaften fürs Leben, die Business-Ideen der Zukunft oder die ganz große Liebe.

Wahre Apéro-Helden sind meine Großeltern. Ganz egal, an welchem Wochentag und zu welcher Tages- oder Nachtzeit ich bei ihnen aufkreuze, sie haben immer mindestens zwei Flaschen Weißwein kühl gestellt, und während ich noch im Türrahmen stehe, gart auch schon ein Gebäck im Ofen. Ein Apéro-Gebäck, versteht sich. Ihre Tiefkühltruhe, die so großzügig ist, dass damit eine Großfamilie über den Winter käme, bietet für jeden Gast das Passende. So lassen sich im Handumdrehen Schinkengipfeli, Pizzette, Käseküchlein oder Spinatkrapfen warm und knusprig auf den Salontisch im Wohnzimmer zaubern. Manchmal schieben sie auch ein Dutzend Frischbackbrötchen ins Backrohr, beschmieren sie anschließend großzügig mit Butter und belegen sie mit Salami. Denn bei der Butter spart man nie, und Apéro geht immer.

So sehr ich Salamibrötchen mag, möchte ich hier für etwas ausgefallenere Apéro-Spezialitäten plädieren. Sodass auch Sylvia Plaths Protagonistin Esther Greenwood erfreut gewesen wäre. Beispielsweise eine Socca. Das ist ein pfannkuchenähnlicher Fladen aus Kichererbsenmehl, der in der Provence einst ein Arme-Leute-Essen war, inzwischen aber längst auch von den Schönen und Reichen gegessen und geschätzt wird. Socca kann pur, mit Kräutern und Piment bestreut oder mit einem Belag Ihrer Wahl serviert werden.

Ob mit Lachs, frischen Tomaten, Rohschinken, geröstetem Gemüse oder Balsamicokügelchen in Kaviar-Manier, eine frische Socca ist ein verlässlicher Wert. Da wäre auch Esther Greenwood schwach geworden. Jetzt noch eine Flasche Rosé aufmachen und auf die montägliche Gewöhnlichkeit anstoßen.

ZWEIERLEI SOCCA MIT »KAVIAR«

Für 2 Personen als Hauptspeise
oder für 4 zum Aperitif

FÜR DIE SOCCA

150 g Kichererbsenmehl
300 ml Wasser
3 EL Olivenöl
1 TL Salz
Oliven- oder Rapsöl zum Braten

FÜR DAS RICOTTA-FENCHEL-TOPPING

1 Fenchelknolle
1–2 EL Olivenöl
½ TL getrocknetes Rosmarinpulver
grobkörniges Meersalz, Pfeffer aus der Mühle
einige Spritzer Zitronensaft, frisch gepresst
100 g Ricotta

FÜR DAS SPINAT-HUMMUS-RADIESCHEN-TOPPING

1 Glas oder 1 Dose Kichererbsen (Abtropfgewicht 220 g), abgespült, abgetropft
4 EL Tahini
1 EL Zitronensaft, frisch gepresst
2 EL kaltes Wasser
grobkörniges Meersalz, Pfeffer aus der Mühle
100 g frischer Jungspinat
¼ TL gemahlener Kreuzkümmel
1 Knoblauchzehe, nach Wunsch
1 Bund verschiedenfarbige Radieschen

Balsamico-Drops als »Kaviar« (gibt's in gut sortierten Supermärkten)
Brunnenkresse oder Kresse, nach Wunsch

1 Das Kichererbsenmehl in eine Schüssel geben und in der Mitte eine kleine Mulde bilden. Nach und nach Wasser in die Mulde gießen und so lange mit einem Schneebesen verrühren, bis keine Klumpen mehr zu sehen sind und eine gleichmäßige, flüssige Masse entstanden ist.

2 Mit Klarsichtfolie abgedeckt 4 bis 5 Stunden bei Zimmertemperatur ruhen lassen. Zwischendurch immer wieder mal durchrühren. Anschließend den Schaum, der auf der Oberfläche entstanden ist, mit einer Schaumkelle abschöpfen. Olivenöl und Salz hinzugeben und zu einem glatten Teig mischen.

3 Etwas Oliven- oder Rapsöl in einer beschichteten Bratpfanne erhitzen. 2 Kellen Teig in die Pfanne gießen und auf tiefer bis mittlerer Stufe etwa 10 Minuten ausbacken. Die Socca vorsichtig wenden und auf der anderen Seite ebenfalls 10 Minuten backen. Mit dem restlichen Teig ebenso verfahren, bis er aufgebraucht ist.

4 Für das Fenchel-Topping den Fenchel ganz fein schneiden oder hobeln. Mit Olivenöl, Rosmarin, Salz, Pfeffer und Zitronensaft in einer Auflaufform mischen. In der Mitte des auf 180 Grad vorgeheizten Ofens mit Umluft 30 bis 40 Minuten garen.

5 Für den Spinat-Hummus die Kichererbsen nach Wunsch von den Häutchen befreien (siehe Seite 17) und in den Mixer oder Cutter geben. Tahini, Zitronensaft, Wasser, Salz, Pfeffer, Spinat, Kreuzkümmel und Knoblauch, falls verwendet, hinzufügen und alles zu einer cremigen (oder nach Wunsch auch etwas gröberen) Masse mixen. Falls die Konsistenz zu fest ist, noch etwas kaltes Wasser oder Olivenöl hinzufügen. Abschmecken und bei Bedarf nochmals würzen.

6 Die Radieschen in feine Scheiben schneiden.

7 Die gebratenen Socca jeweils achteln. Die Hälfte der Socca-Schnitze mit Spinat-Hummus bestreichen und mit Radieschen belegen. Die zweite Hälfte mit Ricotta bestreichen und mit dem gerösteten Fenchel belegen. Mit Balsamico-»Kaviar« und Brunnenkresse garnieren. Nach Wunsch mit grobkörnigem Meersalz und frisch gemahlenem Pfeffer bestreuen.

KAFISCHNAPS, ZÜRICH

ECCE RISOTTO

Es gehört mittlerweile zum guten Ton: Die erstklassigsten Köche dieser Welt loben die Einfachheit. Simple Gerichte, kein Chichi, die Produkte dafür umso hochwertiger. Radikal regional ist ein gefeiertes Schlagwort. Saisonal sowieso. Ich mache da gerne mit, diese Art Küche gefällt. Ein einfaches Gericht, das für Begeisterung sorgt, fasziniert mich weitaus mehr, als eine Emulsion aus siebzehn Zutaten, bei der weder Farbe noch Form ihre ursprünglichen Ingredienzen verraten. »Essen Sie nichts, was Ihre Großmutter nicht als Essen erkannt hätte«, predigt der angesehene Foodjournalist Michael Pollan schon seit einem Jahrzehnt.

In Bologna beispielsweise gibt es die Osteria dell'Orso, eine Institution, wo Studenten, Touristen und Einheimische gleichermaßen verkehren. *Stracciatella di bufala* habe ich hier das erste Mal gegessen – zwischen andere Gäste eingepfercht, die nackten, schweißigen Beine an der Holzbank klebend, war ich darum bemüht, bei einem beträchtlichen Lärmpegel der Diskussion an unserem Tisch zu folgen. Es gab Tagliatelle al Ragù, Tortellini in Brodo und besagte *Stracciatella di bufala,* serviert mit zuckersüßen Feigen, Olivenöl und einem alten, aus dem nahen Modena stammenden Aceto Balsamico. Ich legte mir eine perfekte Gabelvoll zurecht – *Stracciatella di bufala* und Feige im Verhältnis eins zu eins, getunkt in die Essig-Öl-Mischung. Solche »perfekten Gabelbissen« präpariere ich fürs Leben gern – auch wer von meinem Teller probieren möchte, muss gewillt sein, eine solchermaßen präparierte Gabel entgegenzunehmen. Long story short: Die perfekte Gabel in besagter Osteria stellte etliche Vorgängerinnen in den Schatten, ich war begeistert. Süß, salzig, sauer, samtig, eine perfekt aufeinander abgestimmte Kombination, einfach ja, aber die Zutaten allesamt von höchster Qualität. Ich dachte an meinen ersten Zungenkuss und das zwiespältige Gefühl, das er hinterließ – die vorwurfsvolle Frage, wieso ich das erst jetzt entdecke, und gleichzeitig die Freude, gefolgt von einer Absichtserklärung, das nun oft zu tun. Das regelmäßige Küssen klappt wesentlich besser als das Essen von *Stracciatella di bufala*. Aber das war zu erwarten und ist in Ordnung. Distanz steigert schließlich Verlangen und Leidenschaft.

Der beste Beweis dafür, wie exzellent einfache Küche sein kann, ist Risotto. Reis, Olivenöl, Käse, etwas Salz und Pfeffer – tatsächlich braucht es nicht mehr, um Hochgenuss auf dem Teller zu haben. Auch hier gilt: Die einzelnen Zutaten machen den Erfolg. Ein guter Käse, ein hochwertiges Olivenöl und Carnarolireis aus dem Piemont. Das Piemont ist erste Adresse, wenn es um einfache und hochwertige Zutaten geht, um Genuss einer regionalen Küche, um Slow Food. Schon Friedrich Nietzsche hat das erkannt. »Die beste Küche ist die Piemonts«, sagt der weltberühmte deutsche Philosoph, Philologe und Dichter. Nietzsche verbrachte viel Zeit in Italien – Rom, Genua, Turin. In Sorrent lernte er von seiner Haushaltshilfe, Risotto zu kochen. Seiner Mutter teilte er dann in einem Brief mit, dass er ihr beibringen werde, wie man richtig Risotto macht, er wisse nun nämlich wie das gehe. Seine Mutter muss Risotto ebenfalls geliebt und sich auf die Lektion gefreut haben, anders ist ihre Ungeduld nicht zu erklären. »Wenn es nur erst Frühjahr ist und unser Fritz kommt, und uns Risotto machen lernt«, schreibt sie in einem Brief.

Zweimal einfache Küche, zweimal ist gutes Olivenöl unabdingbar. Olivenöl, lange ein Unding, ist heutzutage das Ding. Kaum vorstellbar, dass es in der Schweiz einst regelrecht verschmäht wurde. Ranzige Butter oder ein traniger Rindertalg hat man dem noch ranzigeren Olivenöl lange vorgezogen. Aber das Olivenöl hatte auch noch keine Fürsprecher wie Jamie Oliver oder Yotam Ottolenghi. Es musste, schlecht gelagert, lange Transportwege überstehen, und wenn es dann angekommen war, roch es dementsprechend schlecht. So schlecht, dass die Ob- und Nidwaldner 1473 den Papst in einem

Brief darum baten, ihnen doch auch während der Fastenzeit Butter und Milch zu erlauben, weil ihnen das Olivenöl derart zuwider war. Mittlerweile hat sich das Blatt gewendet, zum Guten fürs Olivenöl.

Hochwertige Zutaten machen die einfache Küche zu einer viel gefeierten. Dass die wohl einfachste Zutat sowieso die wichtigste ist, daran erinnert uns Epikur:

> »Du sollst mehr Umsicht darauf verwenden, mit wem du isst und trinkst, als darauf, was du isst und trinkst; denn Nahrungszufuhr ohne einen Freund ist das Leben eines Löwen und eines Wolfs.«

Will heißen: Genieße es mit lieben Menschen. Also, nichts wie los, nach dem folgenden Rezept Risotto kochen, beim Nachbarn klingeln und Wein auftischen – das wäre doch ein wunderbarer Anfang.

RISOTTO MIT KOPFSALAT, PROSECCO UND PISTAZIEN

1 große Zwiebel
2 EL Olivenöl
400 g Carnaroli-Risottoreis
300 ml Prosecco, zusätzlich 100 ml
für das Finish
1 l kräftige Bouillon, heiß
150 g Kopfsalat
100 g Taleggio
100 ml Rahm
grobkörniges Meersalz, Pfeffer aus der Mühle
1 Handvoll Pistazien, geröstet
1 Handvoll Basilikum, zerzupft
Parmesan, frisch gerieben, zum Servieren

1 Die Zwiebel fein hacken und in Olivenöl glasig dünsten. Den Reis beifügen und mitdünsten. Mit dem Prosecco ablöschen. Etwas Bouillon zugeben und einköcheln lassen. Nach und nach weitere Bouillon zugießen, sodass der Reis immer knapp mit Flüssigkeit bedeckt ist. Den Reis rund 15 Minuten köcheln lassen, immer wieder umrühren.

2 Kurz vor Schluss die Kopfsalatblätter grob zerzupfen. Den Taleggio samt Rinde fein würfeln und gemeinsam mit Kopfsalat, Rahm und dem zusätzlichen Prosecco zum Reis geben. Nochmals 5 Minuten köcheln, bis der Kopfsalat zusammengefallen, der Käse geschmolzen und der Reis cremig und al dente ist. Mit Salz und Pfeffer abschmecken. Der Risotto darf ruhig etwas flüssig sein, *all'onda* wie es in Italien heißt, also so flüssig, dass er noch Wellen schlagen kann.

3 Mit gerösteten Pistazien und Basilikum garnieren und mit frisch geriebenem Parmesan servieren.

PAUSENBROT MIT NUSSBUTTER UND BANANE

NUSSBUTTER IN VARIATIONEN

300 g Nüsse, geröstet
2 Prisen Salz
1–2 EL Ahornsirup, nach Wunsch

1 Die Nüsse in einer Pfanne ohne Fett rösten, bis sie zu duften beginnen. Auskühlen lassen.

2 Die gerösteten Nüsse mit dem Salz in der Küchenmaschine (Blitzhacker) mixen, bis sie zu einer cremigen Masse werden. Das kann bis zu 10 Minuten dauern und braucht etwas Geduld. Falls nötig die gemahlenen Nüsse immer wieder von den Seiten nach unten schieben, sodass alle mit dem Schneidemesser in Berührung kommen. Nach einiger Zeit löst sich das Fett aus den Nüssen und es entsteht eine geschmeidige Masse. Nach Wunsch zum Schluss Ahornsirup dazugeben.

VARIATIONEN Haselnüsse, Mandeln, Cashews, Erdnüsse – es lässt sich aus den verschiedensten Nüssen eine köstliche Nussbutter zaubern. Man kann nur eine Sorte verwenden oder verschiedene Nüsse mischen. Ob Haselnuss- oder Mandelbutter pur, Kombinationen wie Pekannuss-Cashew oder Mandel-Kokos – probieren Sie aus, was Ihnen schmeckt.

GEWÜRZE Auch mit den Gewürzen kann gespielt werden: Zimt, Vanille, Lebkuchengewürz, Kardamom, Kurkuma – was das Herz begehrt.

SCHOKO-HASELNUSS, KURKUMA-MANDEL, CASHEW-PEKANNUSS, DATTEL-ZIMT-KOKOS

NUSSMUS IN VARIATIONEN SCHOKO-NUSS-AUFSTRICH

NUSSMUS

300 g Nüsse, geröstet
1–2 EL Ahornsirup oder 4 weiche Datteln
150 ml Hafer- oder Nussmilch
2 Prisen Salz

SCHOKO-NUSS-AUFSTRICH

Ergibt 2 Gläser (à 200 ml)

250 g Haselnüsse ohne Haut, geröstet
7 Datteln
3 EL Kakaopulver
2 Prisen Salz
100 ml Hafermilch

NUSSMUS Nussmus funktioniert ähnlich wie Nussbutter, ist allerdings durch die Zugabe von Hafer- oder Nussmilch etwas leichter und cremiger. Für Müsli aller Art finde ich diese Variante hervorragend. Aber auch aufs Brot gestrichen, getoppt mit Bananen oder Beeren, passt es perfekt auf den Frühstückstisch.

SCHOKO-NUSS-AUFSTRICH Die Haselnüsse in einer Pfanne ohne Fett rösten, bis sie zu duften beginnen. Die Datteln entsteinen und mit kochendem Wasser übergießen, quellen lassen und abgießen. Die Haselnüsse mit Kakaopulver, Salz, Datteln und Hafermilch zu einer gschmeidigen Masse pürieren. Den Schokoaufstrich in Marmeladen- oder Weckgläser abfüllen, im Kühlschrank aufbewahren und innerhalb einer Woche verbrauchen. Der Aufstrich schmeckt köstlich im Müsli, genauso auf Zopf oder zu geröstetem Sauerteigbrot.

TIPP Alle Arten von Nussbutter, Nussmus, Dattel-Miso-Karamell oder Schoko-Aufstrich lassen sich problemlos einfrieren.

DATTEL-MISO-KARAMELL, ZA'ATAR, DUKKAH

DATTEL-MISO-KARAMELL
ZA'ATAR
DUKKAH

DATTEL-MISO-KARAMELL

Ergibt 2 Gläser (à 200 ml Inhalt)

300 g Datteln
1–2 TL Shiro Miso
100 ml Hafermilch

ZA'ATAR

2 EL Sumach
2 EL weißer Sesam, geröstet
2 EL getrockneter Thymian
1 EL getrockneter Oregano
1 EL getrockneter Majoran
1 TL gemahlener Kreuzkümmel
1 TL grobkörniges Meersalz

DUKKAH

4 EL Haselnusskerne
2 EL Mandeln
2 EL Pistazien
3 EL weißer Sesam
2 TL schwarzer Sesam
4 TL Kreuzkümmel
2 EL Koriandersamen
1 EL schwarze Pfefferkörner
2 TL grobkörniges Meersalz

KARAMELL Die Datteln entsteinen, mit kochendem Wasser übergießen und etwa 30 Minuten quellen lassen. Dann abgießen und mit Miso und Hafermilch in der Küchenmaschine (Blitzhacker) fein pürieren. Passt ins Müsli, aufs Brot, in Joghurt oder zu Banana Bread.

TIPP Das Einweichwasser der Datteln für Shakes verwenden oder pur trinken.

ZA'ATAR Alle Zutaten mischen und im Blitzhacker zerkleinern oder im Mörser fein zerstoßen. Sie können selbst entscheiden, wie fein Sie die Mischung haben möchten. Passt zu Grillgemüse oder Fladenbrot, veredelt Joghurt und Salatsaucen.

DUKKAH Haselnüsse, Mandeln und Pistazien in einer Pfanne rösten, bis sie zu duften beginnen. Sesam, Kreuzkümmel und Koriander 1 bis 2 Minuten rösten. Alles abkühlen lassen, dann im Blitzhacker oder Mörser fein mahlen bzw. zerstoßen. Das Salz daruntermischen.

Dukkah macht aus jedem Ofengemüse einen Hingucker. Klassisch wird es mit Olivenöl zu Fladenbrot gereicht. Man bricht etwas Brot ab und tunkt es erst in Olivenöl, dann in Dukkah – herrlich und wie in Ägypten.

SALTY GRANOLA, INDIAN STYLE UND FRENCH STYLE

PIKANTES GRANOLA IN ZWEI VARIANTEN

FRENCH STYLE

350 g Trockenzutaten
(z. B. Mandeln, Walnüsse, Pekannüsse, Haselnüsse, Haferflocken, Sonnenblumenkerne)
2 EL Olivenöl
1 EL grobkörniger Senf
1 EL Ahornsirup
1–1½ TL grobkörniges Meersalz
Pfeffer aus der Mühle
1–1½ TL Thymianblättchen, frisch abgezupft

INDIAN STYLE

350 g Trockenzutaten
(z. B. Mandeln, Cashews, Paranüsse, Haferflocken, weißer und schwarzer Sesam, Kürbiskerne)
2 EL Kokosöl
1–1½ TL grobkörniges Meersalz
Pfeffer aus der Mühle
1 EL Currypulver
2 EL Ahornsirup

1 In einer großen Schüssel alle trockenen Zutaten miteinander mischen. Die Nüsse nach Wunsch zuvor hacken, halbieren oder im Mörser leicht zerstoßen.

2 Die flüssigen Zutaten mit den Gewürzen mischen und unter die Nussmischung ziehen.

3 Die Granola-Mischung so auf einem mit Backpapier belegten Blech verteilen, dass die Nüsse nicht übereinander zu liegen kommen.

4 In der Mitte des auf 130 Grad vorgeheizten Ofens mit Umluft 25 bis 30 Minuten backen. Herausnehmen und abkühlen lassen.

TIPP Pikantes Granola veredelt Salate, gibt Ofengemüse einen knusprigen Kick und macht jede Suppe zu einem Hingucker.
Es kann aber auch wie herkömmliches Granola als pikantes Müsli mit Joghurt, Gurken und Tomaten beispielsweise genossen werden.

PICKLES

ZWIEBEL-PICKLES
Ergibt 1 Glas (à 200 ml Inhalt)
2–3 rote Zwiebeln
1 EL Zucker
1 TL Kochsalz
Rotweinessig zum Auffüllen

ERDBEER-PICKLES
Ergibt 1 Glas (à 500 ml Inhalt)
250 g frische kleine Erdbeeren
300 ml weißer Balsamicoessig
2 EL Zucker
2 TL Kochsalz

RANDEN-PICKLES
Ergibt 1 Glas (à 500 ml Inhalt)
400 g rohe oder gekochte Randen (Rote Beten)
150 ml Apfelessig
150 ml Ginger Beer
4 EL Zucker
1 Zimtstange
1 TL Fenchelsamen
1 TL Pfefferkörner
1 EL Cranberrys
1 TL Salz

ZWIEBEL-PICKLES Die Zwiebeln in feine Ringe schneiden und in ein sauberes Glas mit Schraubverschluss geben. Zucker und Salz zufügen und mit Rotweinessig auffüllen, bis das Glas randvoll ist. Mit dem Deckel verschließen und kräftig schütteln, bis sich der Zucker aufgelöst hat. Dann im Kühlschrank einige Stunden ziehen lassen.

Die gepickelten Zwiebeln sind nach etwa 4 Stunden genussbereit und halten sich im Kühlschrank gut zwei Wochen. Sie geben Sandwiches, Burgern und Salaten Pep, veredeln Fleisch und Gemüse vom Grill und harmonieren mit indischen Gerichten aller Art.

ERDBEER-PICKLES Die Erdbeeren waschen, sehr große halbieren. Die Erdbeeren in ein großes Marmeladen- oder Weckglas geben. Den Balsamico mit Zucker und Salz aufkochen, bis sich beides aufgelöst hat. Die Essigmischung über die Beeren ins Glas gießen. Gut verschließen und nach dem Abkühlen im Kühlschrank aufbewahren. Die Erdbeeren halten sich im Kühlschrank eine Woche bis 10 Tage. Sie passen perfekt zu Fleisch vom Grill, in Sommersalate, zu Käse oder in ein Sandwich.

RANDEN-PICKLES Die Randen schälen, raspeln und in ausgekochte (sterilisierte) Gläser füllen. Essig und Ginger Beer mit Zucker, Gewürzen und Salz aufkochen. Über die Randen ins Glas gießen und dieses gut verschließen. Die Randen-Pickles halten sich im Kühlschrank gut einige Wochen. Passt zu indischen Fleisch- und Reisgerichten, in Sandwiches oder zu Grillspeisen aller Art.

MARINIERTE EIER

SOJA-EIER
4 Eier
200 ml Sojasauce
3 EL Mirin (japanischer Reiswein)
2 EL Reisessig

RANDEN-EIER
4 Eier
150 ml Randensaft (Rote-Bete-Saft)
5 EL Apfel- oder Rotweinessig
2 EL Ahornsirup
grobkörniges Meersalz, Pfeffer aus der Mühle

Die Eier 6 bis 7 Minuten halbhart kochen. Das Innerste des Eigelbs sollte noch etwas flüssig sein (im asiatischen Raum *soft boiled eggs* genannt).

SOJA-EIER Für die Soja-Eier Sojasauce, Reiswein und Reisessig mischen und in ein gut verschließbares Gefäß oder ein großes Einmachglas geben. Die Eier schälen und mindestens 8 Stunden in der Sojaflüssigkeit marinieren. Dann herausnehmen, halbieren und zum Frühstück, zu frischem Brot, zu Gemüse oder pur, mit etwas Sesam bestreut, genießen.

RANDEN-EIER Für die Randen-Eier Randensaft, Essig und Ahornsirup mischen, mit Salz und Pfeffer würzen. Die Eier schälen und mindestens 8 Stunden in der Randenflüssigkeit marinieren. Dann herausnehmen, halbieren oder in Scheiben schneiden und in Sandwiches, zur pikanten Frühstücksbowl oder pur genießen.

DANK

Dieses Buch ist eine Herzensangelegenheit. Dass ich von Familie und Freunden so unterstützt worden bin, macht mich dankbar und glücklich. Ein großer Dank gebührt meinen Eltern, die mich mein Leben lang stärken und lieben. Genauso Fabian, der an mich glaubt wie kaum jemand, und allen meinen Lieben, die tatkräftig mitgeholfen haben und mich antreiben und inspirieren. Ein ganz besonderer Dank geht an: Lorena, Lex und Suki, Zilla, Fabienne und Elias, Seraina und Matze, Gian und Jae, Lysann und Dani, Silvia und Lorenz, Josh, Nina, Mäni, Palmo, Cathrin, Lea, Naomi, Sara, Alexandra, Laz, Sandy und Rufael, Dani und Meliz, Tobi, Denise, Hösli, Janine, Stefan, Lilly, Nancy und die Stiftung Ferien im Baudenkmal.

LITERATURVERZEICHNIS

AUSTEN, JANE:
Emma. Zürich: Diogenes Verlag 2016

BRILLAT-SAVARIN, JEAN ANTHELME:
Physiologie des Geschmacks. Oder Betrachtungen über das höhere Tafelvergnügen. Berlin: Insel Verlag, 10. Auflage, 1979

CANETTI, ELIAS:
Die Stimmen von Marrakesch. Aufzeichnungen nach einer Reise. München: Hanser Verlag, 3. Auflage, 2002

CAPOTE, TRUMAN:
Frühstück bei Tiffany. Zürich: Kein & Aber, 2. Auflage, 2015

DE BEAUVOIR, SIMONE:
Quiet Moments in a War. The Letters of Jean-Paul Sartre to Simone de Beauvoir 1940–1963. New York: Sribners 1983

DE SADE, MARQUIS:
Letters from Prison by Marquis de Sade. New York: Arcade Publishing 1999

EPHRON, NORA:
Heartburn. Boston: Little Brown Book Group 1996 (erste Ausgabe 1983)

FERRANTE, ELENA:
Meine geniale Freundin. Berlin: Suhrkamp Verlag 2016

FRANZEN, JONATHAN:
Die Korrekturen. Reinbek: Rowohlt Taschenbuch Verlag, 22. Auflage, 2003

FRISCH, MAX:
Homo Faber. Berlin: Suhrkamp Verlag, 85. Auflage, 1977

HAFIS:
Die schönsten Gedichte aus dem klassischen Persien, München: C. H. Beck Verlag, 2. Auflage, 2004

HEMINGWAY, ERNEST:
Paris, ein Fest fürs Leben. Reinbek: Rowohlt Taschenbuch Verlag 2012 (Originalausgabe: *A Moveable Feast,* 1964)

HESSE, HERMANN:
Sehnsucht nach Indien. Erzählungen. Berlin: Suhrkamp Verlag, 5. Auflage, 2006

HOHLER, FRANZ:
Ein Feuer im Garten. München: btb Verlag 2017

KELLER, GOTTFRIED:
Pankraz der Schmoller. Ditzingen: Reclam Verlag 2005

KHIDER, ABBAS:
Brief in die Auberginenrepublik. München: btb Verlag 2015

KINGSLEY, AMIS:
Lucky Jim. London: Penguin 2012 (erste Ausgabe 1954)

KRACHT, CHRISTIAN:
Imperium. Frankfurt am Main: Fischer Taschenbuch Verlag 2013

LAHIRI, JHUMPA:
Der Namensvetter. München: Karl Blessing Verlag 2003

LEON, DONNA:
My Venice and Other Essays. New York: Atlantic Monthly Press 2013

LOETSCHER, HUGO/VOLLENWEIDER, ALICE:
Kulinaritäten. Ein Briefwechsel über die Kunst und die Kultur der Küche. Zürich: Diogenes Verlag 2013

LÜSCHER, JONAS:
Kraft. München: btb Verlag 2017

LYNCH, DAVID,
unter: http://www.openculture.com/2018/08/how-david-lynch-got-creative-inspiration.html [abgerufen am 1.3.2019]

ORWELL, GEORGE:
In Defence of English Cooking, unter: http://orwell.ru/library/articles/cooking/english/e_dec [abgerufen am 1.4.2019]

ORWELL, GEORGE:
British Cookery, unter: https://www.orwellfoundation.com/the-orwell-foundation/orwell/essays-and-other-works/british-cookery/ [abgerufen am 1.4.2019]

RINGELNATZ, JOACHIM:
Abschiedsworte an Pellka. In: Gedichte, Gedichte von Einstmals und Heute. Berlin: Ernst Rowohlt Verlag 1934

RUSHDIE, SALMAN:
Midnight's Children. London: Random House 2006

SCHAMI, RAFIK:
Eine deutsche Leidenschaft namens Nudelsalat und andere seltsame Geschichten. München: dtv Verlag 2011

SONTAG, SUSAN:
As Consciousness Is Harnessed to Flesh. Journals and Notebooks 1964–1980. New York: Farrar Strauss & Giroux 2012

STEINBECK, JOHN:
Die Straße der Ölsardinen. München: dtv Verlag, 19. Auflage, 2007

TUCHOLSKY, KURT:
Panther, Tiger und andere. Berlin: Verlag Volk und Welt 1957

TWAIN, MARK:
Bummel durch Europa. Zürich: Diogenes Verlag, 10. Auflage, 2010

PLATH, SILVIA:
Die Glasglocke. Frankfurt am Main: Suhrkamp Verlag 2005 (Originalausgabe: *The Bell Jar,* 1963)

POLGAR, ALFRED:
In: *Memoria Austriae,* hrsg. von Emil Brix, Ernst Bruckmüller, Hannes Stekl. Oldenburg: Wissenschaftsverlag 2004

PYNCHON, THOMAS:
Gravity's Rainbow. London: Vintage House 2013

WOOLF, VIRGINIA:
The Letters of Virginia Woolf, Vol. 4: 1929–1931. New York: Harcourt Brace Jovanovich 1979

YOSHIMOTO, BANANA:
Kitchen. Zürich: Diogenes Verlag 1994

REZEPTVERZEICHNIS

WWW.MAGSFRISCH.CH

MAGS_FRISCH

AT VERLAG, AARAU UND MÜNCHEN
LEKTORAT: AT VERLAG
FOTOS: NICOLE GIGER, ALEXANDER OCHSNER, FABIENNE ANDREOLI, JOSHUA MUHL, ALEXANDRA DEVOS, FABIAN WEGMÜLLER
GRAFISCHE GESTALTUNG UND SATZ: AT VERLAG
DRUCK UND BINDEARBEITEN: PRINTER TRENTO, TRENTO
PRINTED IN ITALY

ISBN 978-3-03902-007-2

WWW.AT-VERLAG.CH

DER AT VERLAG, AZ FACHVERLAGE AG, WIRD VOM BUNDESAMT FÜR KULTUR MIT EINEM STRUKTURBEITRAG FÜR DIE JAHRE 2016–2020 UNTERSTÜTZT.